Guías para conversar

Inglés
para el viajero

geoPlaneta

Inglés para el viajero
1ª edición en español – junio de 2006
Adaptado de la edición original inglesa: *Spanish Phrasebook*, 2ª edición – abril de 2003

Editorial Planeta, S.A.
Av. Diagonal 662-664. 08034 Barcelona (España)
Con la autorización para la edición en español de Lonely Planet Publications Pty Ltd A.B.N. 36 005 607 983, Locked Bag 1, Footscray, Melbourne, VIC 3011, Australia

Dirección editorial: Olga Vilanova
Coordinación editorial: María García Freire
Asesoramiento lingüístico: Pilar Menéndez
Transliteración: Pilar Menéndez
Realización: Advanced Creativity Communication, S.C.P.

Edición inglesa
Publishing manager: Jim Jenkin
Project manager: Fabrice Rocher
Series designer: Yukiyoshi Kamimura
Illustrations: Patrick Marris, María Vallianos
Commissioning editors: Karina Coates, Pietro Iagnocco, Susi Walker

Cover illustration: Daniel New

ISBN 13: 9788408064640
ISBN 10: 84-08-06464-9
Depósito legal: B-23190-2006

Impresión: Gaybán Gràfic, S.L.
Encuadernación: Roma, S.L.
Printed in Spain – Impreso en España

Cualquier persona puede hablar otro idioma, todo depende de la confianza que tenga en sí misma. No hay que preocuparse si uno no ha aprendido nunca una lengua extranjera, pues aunque sólo se aprenda lo más elemental, la experiencia del viaje se verá sin duda enriquecida con ello. No hay nada que perder haciendo este esfuerzo por comunicarse con los demás.

> buscar información

El libro está dividido en secciones para que resulte más fácil encontrar lo que se busca. El capítulo de **herramientas** se consultará con frecuencia, pues en él se exponen las bases gramaticales del idioma y se dan las claves para leer adecuadamente la guía de pronunciación. En la sección **en práctica** se incluyen situaciones típicas de cualquier viaje: moverse en transporte público, encontrar un sitio para dormir, etc. La sección **relacionarse** proporciona frases para mantener conversaciones sencillas, para expresar opiniones y poder conocer gente. También se incluye una sección dedicada exclusivamente a la **comida,** que además contiene un diccionario gastronómico. En **viajar seguro** se podrán encontrar frases relacionadas con la salud o la seguridad. Basta con recordar los colores de cada sección para poder encontrarlo todo fácilmente, aunque también se puede usar el **índice general.** Otra opción es consultar el **diccionario bilingüe** para localizar el significado de las palabras.

> hacerse entender

En el lateral derecho de cada página se incluyen frases en color que servirán como guía de pronunciación. Ni siquiera hará falta mirar el propio idioma, ya que uno se acostumbrará a la forma en la que se han representado ciertos sonidos. Aunque el capítulo de pronunciación en **herramientas** aporta una explicación más extensa y detallada, cualquier persona que lea despacio estas frases de color podrá ser entendida.

> consejos

El lenguaje corporal, la forma de hacer las cosas, el sentido del humor, todo ello desempeña un papel importante en las distintas culturas. En los textos de los recuadros **de uso cotidiano** se incluyen las expresiones coloquiales más usadas, que conseguirán que las conversaciones resulten más naturales y vivaces. Por otra parte, los recuadros **se podrá oír** recogen frases que probablemente se puedan escuchar en determinadas situaciones (los recuadros comienzan con la guía fonética porque el viajero oirá la frase antes de saber qué están diciendo).

SUMARIO

inglés

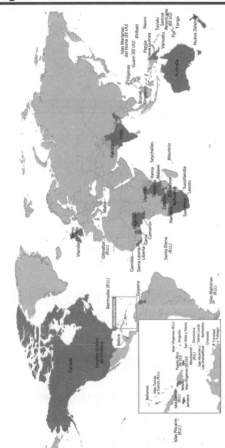

Islas Marianas del Norte *(EE UU)*
Guam *(EE UU)*
Kiribati
Nauru
Tuvalu
Samoa
Samoa Americana *(EE UU)*
Fiyi
Tonga
Filipinas
Papúa Nueva Guinea
Brunéi
Singapur
Vanuatu
Nueva Zelanda
Australia

India
Pakistán
Seychelles
Mauricio
Uganda
Kenia
Tanzania
Malawi
Zimbabue
Suazilandia
Lesoto
Namibia
Botsuana
Zambia
Sudáfrica
Nigeria
Ghana
Camerún
Gambia
Sierra Leona
Liberia
Santa Elena *(RLU)*
Malta
Gibraltar *(RLU)*
Reino Unido
Irlanda

Bermudas *(RLU)*
Guyana
Islas Malvinas *(RLU)*
Belice
Canadá
Estados Unidos de América

Islas Pitcairn *(RLU)*

Bahamas
Islas Turcas y Caicos *(RLU)*
Islas Caimán *(RLU)*
Jamaica
Islas Vírgenes *(RLU)*
Puerto Rico *(EE UU)*
Islas Vírgenes *(EE UU)*
Anguila
San Cristóbal y Nieves
Montserrat *(RLU)*
Dominica
San Vicente y Las Granadinas
Santa Lucía
Barbados
Granada
Trinidad y Tobago

■ **difusión del inglés**
Para más detalles, véase la **introducción**.

No se puede negar que el inglés es, con mucho, la lengua de comunicación más usada en el mundo y que se ha convertido, de hecho, en la lengua internacional por excelencia.

Ya sea en la esfera política, económica o cultural, es moneda de cambio constante en todos los ámbitos. Si bien no es una lengua romance, avatares históricos la han hecho absorber gran cantidad de términos latinos, aunque ha ido tomando palabras de todas las lenguas con las que ha estado en contacto. Con el tiempo, este hecho la ha convertido en una lengua con un vocabulario sorprendentemente amplio.

datos básicos

nombre de la lengua: inglés

nombre en la lengua:
English *in·*glish

familia lingüística: lengua germánica

número aproximado de hablantes:
 lengua materna:
 unos 380 millones
 segunda lengua:
 de 150 a 1.000 millones

lenguas emparentadas:
alemán, holandés, frisón

aportaciones al español:
palabras técnicas, informáticas, médicas, científicas: chat, mail, block, website, jeans, film, show, ticket...

Por otra parte, la lengua inglesa, con unos 380 millones de hablantes, se encuentra en el tercer puesto dentro del *ranking* mundial de las lenguas más habladas (tras el chino y el hindi). En cuanto a su espacio geográfico, es la lengua oficial de Gran Bretaña, EE UU, Canadá, Australia, Nueva Zelanda, Sudáfrica y de unos cien países más: Bahamas, Barbados, Bermuda, Guyana, Jamaica, etc. Si a esto se unen las naciones que lo han aceptado como lengua semioficial y los hablantes que lo utilizan como lengua de estudio o de trabajo, se calcula que alrededor de 800 millones de personas en el mundo viven y se comunican en este idioma.

Tal es la importancia del inglés que en nuestros días se ha ganado el estatus de 'lengua franca'. De hecho, en la actualidad es posible viajar por todo el planeta con la certeza de poderse comunicar en inglés. Una de las razones de este masivo triunfo es la influencia militar, política, económica, científica y cultural que alcanzó el Imperio Británico durante los siglos XVIII y XIX, testigo recogido por EE UU en la segunda mitad del siglo XX. Así pues, debido a la influencia que ejercen los angloparlantes en campos como el cine, la ciencia, la economía, los negocios e Internet, en las últimas décadas es la lengua extranjera que más se aprende en el mundo y se convierte en una herramienta indispensable para acceder a determinados ámbitos laborales.

El inglés es una lengua indoeuropea perteneciente, junto con el alemán, el holandés o el frisón, al grupo occidental de las lenguas germánicas, y así existe desde hace unos 1500 años. Esta lengua es el resultado de sucesivas superposiciones en las que los idiomas de los diferentes países invasores se han ido absorbiendo y mezclando hasta dar origen a una lengua híbrida con una simplificación gramatical importante, pero con un enriquecimiento de léxico inaudito. Si bien la flexibilidad y la simplificación gramatical han coronado su éxito como lengua de estudio, la ortografía plantea algunas dificultades para el aprendizaje y a veces se le achaca una cierta falta de lógica y de reglas, pues el código escrito y oral apenas se corresponden. Así, mientras la pronunciación de las palabras ha ido evolucionando, la escritura ha permanecido inalterable desde hace siglos, por lo que existe un considerable desajuste entre sonido y grafía.

Una vez bosquejada la importancia que hoy en día tiene el inglés, tan solo resta decir que este libro pretende ayudar a conocer de forma práctica esta lengua imprescindible, enseñar a construir frases para comunicarse con éxito y obtener así una mejor experiencia del viaje. Sin duda alguna, el hecho de hablar una lengua puede transformar cualquier visita en una experiencia nueva y única, pues permitirá hacer nuevas amistades, descubrir lugares que sólo los lugareños conocen y gozar de una mayor independencia.

La pronunciación inglesa para un hispanohablante no es demasiado difícil, pues muchos de los sonidos son similares a los españoles. Las consonantes no plantean mayor problema, sí en cambio las vocales, pues si el castellano cuenta sólo con cinco fonemas vocálicos obvios, en inglés existe una gama vocálica muy amplia, con sonidos de carácter mixto, como por ejemplo vocales intermedias entre e y a, o entre o y e. El inglés cuenta con un total de 18 sonidos vocálicos, lo que hace que para un hispanohablante muchas de las diferencias sean difíciles de percibir y reproducir.

En lo que a los sonidos consonánticos se refiere, la principal diferencia radica en que las consonantes inglesas suelen ser más fuertes que las españolas, sobre todo las oclusivas (p, b, t, d, k, g), que se pronuncian como si tuviera lugar una pequeña explosión en la boca.

Puesto que el inglés carece de acento gráfico, en este libro la sílaba tónica se resalta mediante cursiva.

sonidos vocálicos

vowel sounds

símbolo	equivalente español	ejemplo inglés	pronunciación
a	agua	*bra*	bra
e	perro	*bed*	bed
ə	no existe	*adept*	ə·*dept*
æ	intermedio e/a	*man*	mæn
i	piso	*bid*	bid
o	cosa	*bod*	bod
u	puro	*food*	fut

Tal como se ha comentado anteriormente, en inglés existen muchos más sonidos vocálicos que en castellano. En este libro se ha hecho una selección de los más importantes para poder ser entendido, de modo que algunas diferencias vocálicas se han neutralizado. Entre los sonidos vocálicos inexistentes en castellano se encuentran los siguientes:

ə es el sonido vocálico más común en inglés. Se trata de una vocal átona, neutra, muy corta, de sonido muy débil, casi imperceptible. Puede representarse gráficamente mediante cualquiera de las vocales. Para reproducir el sonido, hay que pronunciar la vocal a la que sustituye pero de un modo tan débil que resulte casi inaudible.

æ sonido entre a y e abierta.

En inglés existen vocales largas y cortas. Las vocales largas en este libro se han representado gráficamente mediante la repetición de la vocal, de modo que una i larga aparecerá como ii.

diptongos

diphthongs

En inglés existen también grupos vocálicos que forman diptongos y estos son muy parecidos a los españoles, de modo que no presentan dificultades de pronunciación.

símbolo	equivalente español	ejemplo inglés	pronunciación
ai	aire	kind	kaind
au	causa	powder	pau·dər
ei	peine	pain	pein
ou	como en show	go	gou
iu	ciudad	Europe	iu· rop
oi	hoy	toy	toi

sonidos consonánticos

consonants sounds

símbolo	equivalente español	ejemplo inglés	pronunciación
b	**b**arco	*big*	big
ch	ha**ch**a	*church*	charch
d	**d**ado	*day*	dei
đ	no existe	*there*	đer
f	**f**iesta	*for*	for
g	**g**uante	*pig*	pig
ḥ	h aspirada	*house*	ḥaus
k	**c**oche	*car*	kar
l	**l**una	*loud*	laud
m	**m**isa	*mouse*	maus
n	**n**ada	*no*	nou
ŋ	le**ng**ua	*moving*	mu·viŋ
p	**p**uerta	*people*	pii·pol
r	**r**ojo	*red*	red
s	**s**usto	*sound*	saund
sh	como en **sh**ow	*portion*	por·shən
t	**t**orno	*tower*	ta·uər
v	no existe	*very*	ve·ri
ks	e**x**celente	*excellent*	ek·se·lent
y	**y**anqui	*january*	yæ·nuə·ri
z	**c**ereza	*theatre*	zi·ə·tər

Los sonidos consonánticos no suponen una gran dificultad, pues presentan bastantes similitudes en ambos idiomas. No obstante, hay que tener en cuenta que en inglés existen algunos sonidos consonánticos inexistentes en español. Entre ellos destacan los siguientes:

ŋ representa el grupo consonántico inglés ng final. Aunque la g no se pronuncia, contamina la n con un matiz gutural. Para encontrar un sonido parecido en español se debe intentar pronunciar la palabra 'lengua' y pararse justo antes de pronunciar la g.

đ representa una d interdental. Para reproducir este sonido hay que pronunciar una d situando la lengua entre los dientes superiores e inferiores y dejar que el aire salga de modo constante, no de golpe, como suele ocurrir habitualmente con la d.

ḥ reproduce una h aspirada. Se pronuncia de manera similar a la jota española, pero mucho más suave.

v se reproduce como una b pero apoyando los dientes superiores en los labios inferiores.

sh como en Bush

el alfabeto inglés

A	a	ei	B	b	bi	C	c	si
D	d	di	E	e	i	F	f	ef
G	g	yi	H	h	eich	I	i	ai
J	j	yei	K	k	kei	L	l	el
M	m	em	N	n	en	O	o	ou
P	p	pi	Q	q	kiu	R	r	ar
S	s	es	T	t	ti	U	u	iu
V	v	vi	W	w	da·bəl·iu	X	x	eks
Y	y	uai	Z	z	sed			

Este capítulo está diseñado para ayudar al lector a formar sus propias frases. Si uno no encuentra la frase exacta debe recordar que no hay reglas, sólo formas diferentes de decir las cosas. Normalmente, uno podrá hacerse entender con un par de palabras bien escogidas, un poco de gramática y unos cuantos gestos.

artículos

> determinado

El inglés tiene la particularidad de aglutinar las cuatro formas del artículo determinado español en una sola: *the.* Se puede decir, por tanto, que el artículo determinado inglés es invariable en género y número, ya que se emplea la misma forma para femenino, masculino, singular y plural.

la casa	*the house*	də ḥaus
las casas	*the houses*	də ḥau·sis
el libro	*the book*	də buk
los libros	*the books*	də buks

Los nombres contables en plural no llevan artículo cuando se hace referencia a ellos en sentido general.

> indeterminado

El artículo indeterminado es *a/an*. También es invariable en género y carece de plural. Para expresar el plural se utilizará la forma *some* (véase **cantidades indefinidas).**

un chico	*a boy*	æ boi
una chica	*a girl*	æ gerl

La forma *a* se utiliza a delante de palabras que empiezan por consonante y *an* delante de palabras que lo hacen por vocal.

| **una silla** | *a chair* | æ cher |
| **una naranja** | *an orange* | æn o·rinch |

El artículo indeterminado en inglés se usa de una manera similar al español.

cantidades indefinidas

La forma *some* significa 'un poco de, algo de' y también se usa delante de los sustantivos plurales en sustitución del artículo indeterminado plural castellano (unos, unas).

Se emplea en las frases afirmativas y también en las interrogativas cuando se espera una respuesta afirmativa.

Hay unas (algunas) naranjas en la nevera.
There are some oranges ðer ar sam o·rin·chis
in the fridge. in ðə frich

¿Quieres un poco de café?
Would you like some coffee? uud yu laik sam ko·fi

Sin embargo, si la oración es interrogativa o negativa, *some* se sustituye por *any*.

¿Queda algo de leche?
Is there any milk left? is ðer e·ni milk left
There isn't any milk left. ðer isent e·ni milk left

Any puede usarse en frases interrogativas (para expresar cantidad indefinida) o negativas (en este caso expresa la ausencia de cantidad). En el caso de las frases interrogativas, a diferencia de *some*, no se espera necesariamente una respuesta afirmativa.

No hay ningún problema.
Is there any problem? is ðer e·ni pro·blem
There isn't any problem. ðer isent e·ni pro·blem

comparaciones

> de igualdad

Para comparar dos cosas que presentan una cualidad en el mismo grado, se utiliza la fórmula *as ... as*, que sería equivalente a la expresión española 'tan ... como'.

Mi hermano es tan alto como el tuyo.

My brother is   mai *bro·* ðər is
as tall as yours.   as tol as yors

> de superioridad

Para expresar que una cosa presenta una cualidad en un grado mayor que otra, se emplea la fórmula *more ... than,* que equivale a la expresión española 'más ... que'.

Mi coche es más rápido que el tuyo.

My car is   mai kar is
faster than yours.   *fas·*tər ðan yors

Si el adjetivo usado en la comparación tiene una sola sílaba, como por ejemplo *old* (viejo), no se utilizará *more* sino que se añadirá la terminación *-er* al adjetivo.

Eres mayor que yo.

You are older than me.   yu ar *ol·*dər ðan mi

La forma 'mejor ... que' es irregular en español y no sigue la regla de los demás comparativos. Esto sucede también en inglés, que emplea en estos casos *better ... than.*

Canto mejor que tú.
I sing better   ai siŋ be·tər
than you.   đan yu

> de inferioridad

Del mismo modo, para expresar que una cosa presenta una cualidad en un grado menor que otra se emplea la fórmula *less … than*,
que sería equivalente a la expresión española 'menos … que'.

Eres menos hablador que tu hermano.
You are less talkative   yu ar les to·ka·tiv
than your brother.   đan yor bro·đər

La forma 'peor … que' también es irregular en español, al igual
que en inglés, que emplea en estos casos *worse … than*.

Canto peor que tú.
I sing worse   ai siŋ uors
than you.   đan yu

> superlativo

Las formas de superlativo ('el más') se construyen con la fórmula
the most.

Éste es el vestido más bonito.
This is the most   đis is đə most
beautiful dress.   biu·ti·fol dres

Por último, *the best/the worst* se emplea con el significado de 'el
mejor/el peor'.

Es el mejor actor.
He is the   ḫi is đə
best actor.   best ak·tər

Te deseo lo mejor.
I wish you   ai uish yu
the best.   đə best

contracciones

Cuando en inglés aparece escrita entre dos consonantes una coma alta –un apóstrofo (')–, ésta se encuentra sustituyendo un sonido que se ha omitido. En general es un desgaste que se ha producido en la lengua hablada, es el reflejo de cómo se pronuncia en la calle cotidianamente una palabra de forma más abreviada y cómoda.

do not	don't	dont	can not	can't	kant
I am	I'm	aim	could not	couldn't	ku·dent
is not	isn't	isent	would not	woluldn't	uu·dent

Las formas contractas del verbo *to be* (ser o estar) son de uso muy habitual.

expandida	contracta	expandida	contracta
I am	I'm	It is	It's
You are	You're	We are	We're
He is	He's	You are	You're
She is	She's	They are	They're

Estas formas no se deben confundir con el genitivo sajón, que expresa posesión y en el que se añade al final del sustantivo un apóstrofo y una s.

Las llaves de Miriam.
Miriam's keys.   mi·riams kiis

Para más información, véase **posesivos**.

deber

Los verbos *must* y *to have to* expresan la idea de obligación o deber y reciben el nombre de verbos modales. *Must* es invariable como forma verbal, no tiene formas diferentes para las distintas personas, ni tampoco singular ni plural. El verbo *to have to* equivale a la expresión española 'tener que'.

Debo irme.
I must go.   ai mast gou

Tengo que irme.
I have to go.   ai ḥæv tu gou

La diferencia entre los dos es que *must* se emplea para dar órdenes y para hacer que alguien o uno mismo las cumpla con un cierto compromiso.

Tiene que dejar de fumar.
You must stop smoking.   yu mast stop *smou·kiŋ*

Por el contrario, la forma *to have to* se utiliza para órdenes externas impuestas (leyes, normas).

El doctor dice que tengo que dejar de fumar.
The doctor says I have   ðə *dok·*tər seis ai ḥæv
to stop smoking.   tu stop *smou·kiŋ*

Cuando se usan de manera negativa, las dos formas tienen diferente significado. *Must not* expresa prohibición, mientras que *don't have to* se emplea para indicar que algo no es necesario.

No debes escuchar las conversaciones de otra gente.

You musn't listen   yu ma·sent li·sen
to other's people   tu o·ðars pii·pol
conversation.   kon·vər·sei·shən

No tienes que escuchar el discurso si no te apetece.

You don't have   yu dont ħæv
to listen to the speech   tu li·sen tu ðə spiich
if you don't want to.   if yu dont uont tu

adjetivos

Los adjetivos en inglés son invariables en género y número, de modo que no están sujetos a concordancia con el sustantivo al que acompañan.

amarillo, amarilla, amarillos, amarillas
yellow   ye·lou

Los adjetivos se suelen colocar delante del sustantivo.

un hotel fantástico
a fantastic   æ fæn·tæs·tik
hotel   ħo·tel

una comida barata
a cheap meal   æ chiip miil

unos libros interesantes
some interesting   sam in·tres·tiŋ
books   buuks

unas chicas bonitas
some beautiful   sam biu·ti·fəl
girls   gerls

El verbo *to be* significa 'ser' y 'estar'.

infinitivo		
ser/estar	*to be*	tu bi
pretérito		
fui, era/ estuve, estaba	*was, were*	uos uer
participio		
estado/sido	*been*	biin

Para conjugar un verbo en inglés se necesitan estos tres tiempos –infinitivo, pretérito y participio–, que además indican si se trata de un verbo regular o no. En el caso de los verbos irregulares, estas formas serán la base para su conjugación.

El verbo *to be* sirve para expresar las mismas nociones que 'ser' y 'estar' y alguna añadida, como por ejemplo la edad, que en español se expresa con el verbo tener, o el tiempo atmosférico, para el que se suele usar en español el verbo hacer.

Tengo 21 años.
  I am 21. ai am *tuen*·ti uan

Hace mucho frío.
  It's very cold. its *ve*·ri kould

ser		to be	
Soy	español	I am (I'm)	Spanish
Eres	guapa	You are (you're)	beautiful
(Él, ella) Es	artista	He, she is (he's/she's)	an artist
Es	tarde	It is (it's)	late
(Usted) Es	listo	You are (you're)	clever
Somos	estudiantes	We are (we're)	students
Sois	jóvenes	You are (you're)	young
(Ellos, ellas) Son	traviesos	They are (they're)	naughty
(Ustedes) Son	simpáticos	You are (you're)	kind

estar		to be	
Estoy	bien	I am (I'm)	well
Estás	enfadado	You are (you're)	angry
(Él, ella) Está	triste	He, she is (he's/she's)	sad
Está	lleno	It is (it's)	full
(Usted) Está	aburrido	You are (you're)	bored
Estamos	cansados	We are (we're)	tired
Estáis	contentos	You are (you're)	happy
(Ellos, ellas) Están	locos	They are (they're)	crazy
(Ustedes) Están	nerviosos	You are (you're)	nervous

cómo construir frases

21

Las formas verbales que indican que una acción se está reali-
zando en ese momento, como por ejemplo 'estoy comiendo',
'estoy trabajando', 'estoy durmiendo', 'estoy caminando', también se forman en inglés con el verbo *to be* + gerundio.

Estoy comiendo.	*I am eating.*	ai am *ii*·tiŋ
Te estás cayendo.	*You are falling.*	yu ar *fo*·liŋ
Está bailando.	*He/she is dancing.*	ḥi/shi is *dan*·siŋ
Estamos trabajando.	*We are working.*	ui ar *uor*·kiŋ
Estáis viajando.	*You are travelling.*	yu ar *tra*·və·liŋ
Están caminando.	*They are walking.*	ḏei ar *uo*·kiŋ

género

Los sustantivos en inglés no tienen género, de modo que se utiliza la misma forma para el masculino y para el femenino.

profesor/a	*teacher*	*tii*·chər
niño/a	*child*	chaild
amigo/a	*friend*	frend

genitivo sajón véase posesivos

haber

El verbo *to have* significa 'tener' y 'haber'. A veces también puede ser traducido por 'tomar' cuando se habla de
bebida o comida. Además, es el verbo auxiliar por excelencia, como en castellano, y se utiliza para formar los tiempos
compuestos.

Tengo un coche nuevo.
I have a ai ḥæv æ
new car. niu kar

He trabajado.
I have ai ḥæv
worked. uorkt

Tomaré café.
I'll have coffee. ail ḥæv *ko·*fi

En inglés hablado a veces se refuerza la idea de posesión añadiendo a este verbo el participio *got*. En general se presenta en forma de contracción.

Tengo un ticket.
I have got/ I've got aiv got
a ticket. æ *ti·*ket

tener		to have	
Tengo	una casa	*I have (I've got)*	a house
Tienes	un perro	*You have (You've got)*	a dog
(Él, ella) Tiene	un problema	*He, she has (He's, got/she's got)*	a problem
Tiene	nuevas características	*It has (it's got)*	new features
(Usted) Tiene	un hijo	*You have (You've got)*	a son
Tenemos	la llave	*We have (We've got)*	the key
Tenéis	el horario	*You have (You've got)*	the timetable
(Ellos, ellas) Tienen	la cuenta	*They have (They've got)*	the bill
(Ustedes) Tienen	la dirección	*You have (You've got)*	the address

Cuando se utiliza como auxiliar, el verbo *to have* se conjuga y va seguido del participio del verbo principal.

haber		to have	
He	visto	I have (I've)	seen
Has	comprado	You have (you've)	bought
(Él, ella) Ha	viajado	He, she (he's/she's)	travelled
Ha	comenzado	It has (it's)	began
(Usted) Ha	alquilado	You have (you've)	hired
Hemos	dormido	We have (we've)	slept
Habéis	reservado	You have (you've)	booked
(Ellos, ellas) Han	olvidado	They have (they've)	forgotten
(Ustedes) Han	llegado	You have (you've)	arrived

frases impersonales

Para formar frases con un sujeto impersonal, se utiliza el pronombre *it* seguido de la forma correspondiente del verbo *to be*.

¡Es peligroso!	It's dangerous!	its *dein·ye·rəs*
Hace frío.	It's cold.	its *kould*

La forma impersonal española 'hay' se expresa en inglés con la partícula *there* seguida del verbo *to be* conjugado en singular o en plural.

Hay mucho ruido.
   There is a lot of noise   đer is æ lot of nois

Hay muchas galletas en la bandeja.
   There are many biscuits   đer ar *me·ni bis·*kits
   on the tray.   in də trei

plurales

Por norma general, el plural en inglés se forma añadiendo una -s al singular, tal y como se hace en español.

un libro/dos libros
one book/two books uan buk/tu buks

una silla/cuatro sillas
one chair/four chairs uan cher/foor chers

Existen algunas excepciones. Por ejemplo, si la palabra en singular termina ya en -s (-ss, -x, -ch,-sh), se le añade -es para formar el plural.

autobús, autobuses	*bus, buses*	bas ba·sis
iglesia, iglesias	*church, churches*	charch char·chis
plato, platos	*dish, dishes*	dish di·shis
vaso, vasos	*glass, glasses*	glas gla·sis
zorro, zorros	*fox, foxes*	foks fok·sis

Si el singular termina en -y, el plural cambiará la -y por -i, y se le añadirá -es.

señora, señoras *lady, ladies* lei·di lei·dis

Si el singular termina en -o, se le añade también -es.

tomate, tomates *tomato, tomatoes* tə·ma·tou tə·ma·tous

Si termina en -f, ésta cambia en el plural por una -v y se le añade -es.

vida, vidas *life, lives* laif laivs

Por último, hay también algunos sustantivos que tienen plurales irregulares.

hombre, hombres	*man, men*	mæn men
mujer, mujeres	*woman, women*	uo·man ui·men
niño, niños	*child, children*	chaild chil·dren

posesivos

Los adjetivos posesivos son invariables en género y número, y funcionan de un modo muy parecido a como lo hacen en español. Cabe mencionar la especificidad de *his*, *her*, *its*, que hacen referencia al género del poseedor y no de lo poseído.

su habitación
(de él)   *his room*   his ruum
su habitación
(de ella)   *her room*   her ruum

Its es una forma que no tiene correspondencia en castellano. Se trata de un pronombre posesivo de tercera persona de singular en el que el poseedor es neutro, no es ni masculino ni femenino.

su tapa (de la cacerola)
   its lid   its lid

Mi libro	*My book*
Tu hotel	*Your hotel*
Su maleta (de él)	*His luggage*
Su coche (de ella)	*Her car*
Su puerta (del coche)	*Its door*
Nuestro avión	*Our plane*
Vuestro taxi	*Your taxi*
Su dinero (de ellos/as)	*Their money*

Es mi tarjeta de crédito.
   It's my   its mai
   credit card.   kre·dit kard

Los pronombres posesivos se forman añadiendo una -*s* a estos adjetivos posesivos (excepto en el caso de *my*, que cambia a *mine*, y *his*, que ya lleva la -*s*).

Es mío/a.	It's mine.	its main
Es tuyo/a.	It's yours.	its yors
Es suyo (de él)/ (de ella).	It's his/ hers.	its his/ hers
Es nuestro/a.	It's ours.	it's a·uərs

De igual forma que los adjetivos, los pronombres posesivos son invariables y nunca van precedidos por el artículo.

Aquí está tu libro. ¿Dónde está el mío?
Here's your book.	hiars yor buuk
Where's mine?	uers main

El inglés presenta una particularidad para expresar posesión que recibe el nombre de genitivo sajón. Éste consiste en añadir un apóstrofo y una -s al nombre del poseedor, que figura en la frase delante del objeto poseído.

el coche de mi hermano
| *my brother's car* | mai bro·đərs kar |

el corazón de Paul
| *Paul's heart* | pols hart |

Si en lugar de un poseedor se trata de varios y por lo tanto el sustantivo ya termina en -s, se pone sólo el apóstrofo y no se le añade otra -s.

el libro de mis hermanas
| *my sisters' book* | mai sis·tərs buuk |

negación

Para formar frases negativas en inglés, se añaden a la frase afirmativa las partículas *do not* o su forma contracta *don't* entre el sujeto y el verbo. En la tercera persona del singular se utiliza en este caso la forma *does not/ doesn't*.

No entiendo (inglés)	*I don't understand (English)*
No entiendes	*You don't understand*
No entiende	*He/she/it doesn't understand*
No entendemos	*We don't understand*
No entendéis	*You don't understand*
No entienden	*They don't understand*

En el caso de los verbos *to be* (ser, estar), *to have* (haber, tener) y los modales *can* (poder), *will* (forma de futuro) y *must* (deber) la negación se forma añadiendo directamente al verbo la partícula *not*; lo más habitual es utilizar las formas contractas.

No soy turista	*I'm not a tourist*
No tienes pasaporte	*Yo haven't got passport*
No puede andar	*He can't walk*

planes futuros

En inglés no existe un tiempo específico para expresar el futuro, pero sí existen distintos verbos y expresiones para denotarlo. El futuro se construye de forma muy simple, basta añadir entre el sujeto y el verbo presente la partícula *will*, que también aparece en su forma de contracta *'ll* para la afirmación y *won't* para la negación.

Jugaré.   *I will/I'll play.*   ai uil/ail plei
No jugaré.   *I won't play.*   ai uont plei

También es posible utilizar para el futuro la partícula *shall*, que sirve como auxiliar para la primera persona del singular y del plural, mientras que *will* se emplearía para todas las demás. En inglés moderno se tiende a usar *will* para todas las personas y el valor de *shall* ha quedado reducido a los ofrecimientos.

¿Abro la ventana?
   Shall I open the window?   shal ai *ou·*pən đə *uin·*dou

El futuro progresivo es muy frecuente en el lenguaje hablado y se forma con el presente del verbo *to be* (ser, estar) seguido del gerundio *going* más el infinitivo del verbo que se conjuga.

Voy a bailar.
   I'm going to dance.   aim goiŋ tu dans

Voy a aprender inglés.
   I am going to learn English.   aim goiŋ tu lern *in·*glish

Va a llover.
   It's going to rain.   its goiŋ tu rein

En inglés se da también la utilización del presente continuo con valor de futuro.

Voy a comer con Peter a las seis.
   I'm having lunch with Peter at six.   aim ḥa·viŋ lanch uiz *pi·*tər æt siks

poder

El verbo *can* se utiliza en inglés para expresar posibilidad y capacidad, así como para pedir y dar permiso, y pedir y ofrecer cosas. Se trata de una forma invariable, de modo que se emplea la misma fórmula para todas las personas, tanto de singular como de plural. Posee una forma para el pasado, *could* también invariable, que se utiliza también como forma cortés, por ejemplo en las preguntas.

¿Puedo salir?
Can I go out?   kæn ai gou aut

¿Puede tomar prestada tu guía?
Can she borrow   kæn shi *bo·*rrou
your guide?   yor gaid

No puedes pagar con tarjeta de crédito.
You can't pay   yu kant pei
by credit card.   bai *kre·*dit kard

¿Podrías alquilar un coche?
Could you rent   kud yu rent
a car?   æ kar

Para negar se pueden utilizar las formas *can't* (en presente) y *couldn't* (en pasado).

No puede/sabe conducir.
She can't drive.   shi kant draiv

preguntas

Para construir una pregunta en inglés, generalmente se antepone al sujeto de la oración el verbo auxiliar *do*, que toma la forma *does* para la tercera persona del singular.

Habla español.
| *You speak Spanish.* | yu spiik spa·nish |

¿Habla español?
| *Do you speak Spanish?* | du yu spiik spa·nish |

I/you know him.	Do I/you know him?
He/she has a car.	Does he/she have a car?
We/you/they eat meat.	Do we/you/they eat meat?

En las frases en pasado se sustituyen las partículas do/does por did, que es invariable para todas las personas.

¿Compraste el libro?
| *Did you buy the book?* | did yu bai də buk |

Si la frase lleva un verbo auxiliar o modal (*to be, can*...), éste se antepone al sujeto para formar una frase interrogativa.

¿Eres español?
| *Are you Spanish?* | ar yu spa·nish |

¿Me puedes ayudar?
| *Can you help me?* | kæn yu help mi |

Si la oración lleva una preposición regida por el verbo, ésta se colocará al final.

¿De dónde eres?
| *Where are you from?* | uer ar yu from |

pronombres interrogativos

¿Quién? ¿Quiénes?	Who?	hu
¿Quién es?	Who is it?	hu is it
¿Quiénes son estos hombres?	Who are those men?	hu ar ðous men
¿Qué?	What?	uot
¿Qué está diciendo (usted)?	What are you saying?	uot ar yu se·yiŋ
¿Cuál? ¿Cuáles?	Which?	uich
¿Cuál (qué restaurante) es el más barato?	Which restaurant is the cheapest?	uich res·tə·rant is ðə chii·pest
¿Cuáles (qué platos típicos) puedes recomendar?	Which local dishes do you recommend?	uich lou·kəl di·shis du yu re·kə·mend
¿Cuándo?	When?	uen
¿Cuándo sale el próximo tren?	When does the next train depart?	uen das ðə nekst trein di·part
¿Dónde?	Where?	uer
¿Dónde puedo comprar tiques?	Where can I buy tickets?	uer kæn ai bai ti·kets
¿Cómo?	How?	hau
¿Cómo se dice esto en español?	How do you say this in Spanish?	hau du yu sei ðis in spa·nish
¿Cuánto?	How much?	hau mach
¿Cuánto cuesta?	How much is it?	hau mach is it
¿Cuántos/as?	How many?	hau me·ni
¿Para cuántas noches?	For how many nights?	for hau me·ni naits
¿Por qué?	Why?	uai
¿Por qué está cerrado el museo?	Why is the museum closed?	uai is ðə miu·siəm kloust

pronombres personales

En inglés, a diferencia del español, es necesario emplear siempre el pronombre sujeto. Esto se debe a que las formas verbales inglesas tienen muy poca flexión, es decir, casi todas las formas verbales tienen la misma terminación, de modo que es necesario indicar el sujeto explícitamente para evitar la ambigüedad de la frase.

singular		plural	
Yo	I	Nosotros	We
Tú/usted	You	Vosotros/ustedes	You
Él/ella/ello	He, she, it	Ellos/ellas	They

El pronombre *I* se escribe siempre con mayúscula. *You* aglutina las formas españolas tú, usted, vosotros, vosotras, ustedes y el significado debe extraerse del contexto. La forma *it* es de género neutro y se emplea para designar objetos y animales.

orden de palabras

Las oraciones en inglés siguen un orden básico muy parecido al del español: sujeto (ineludible) + verbo + complemento.

El avión aterriza a las 8.
The plane lands at 8.   ðə plein lænds æt eit

Ana vive en Glasgow.
Ana lives in Glasgow.   a·na livs in glas·gou

respuestas breves

En inglés raramente se contesta una pregunta con un simple *yes* (sí) o *no* (no), pues esto se considera un tanto descortés. Por esta razón y con el fin de dar más énfasis a la frase, se añade a la afirmación o negación una pequeña frase en la que aparecen el sujeto y el verbo (y la negación si es pertinente).

¿Eres inglés? No.
Are you English?	ar yu *in*·glish
No, I'm not.	nou aim not

¿Tienes coche? Sí.
Have you got a car?	ḥæv yu got æ kar
Yes, I have.	yes ai ḥæv

¿Bailas? Sí./No.
Do you dance?	du yu dans
Yes, I do/No, I don't.	yes ai du/nou ai dont

¿Sabes nadar? Sí./No.
Can you swim?	kæn yu suim
Yes, I can/No, I can't.	yes ai kæn/nou ai kant

tener véase haber

verbos

El verbo inglés, a diferencia del español, no tiene terminaciones especiales para las distintas personas, a excepción del sufijo -*s*, que se emplea para la tercera persona del singular en el presente del indicativo.

Juego	*I play*	ai plei
Juegas	*You play*	yu plei
Juega	*He/she/it plays*	ɦi/ʃi/it pleis

Los verbos son, en general, mucho más sencillos que en español, aunque existe una larga lista de verbos irregulares.

En cuanto al infinitivo, se forma con la partícula *to* antepuesta al verbo.

comprar	*to buy*	tu bai
ser, estar	*to be*	tu bi
ir	*to go*	tu gou

El presente de indicativo (en inglés no existe un modo subjuntivo específico) se forma con el infinitivo sin la partícula *to* y todas las personas son iguales excepto la tercera de singular, a la que se añade una -*s*. La misma forma sirve para el pretérito añadiéndole -*ed* al final y también para el futuro anteponiéndole *will*.

Abro	*I open*	ai ou·pən
Abrí, abría	*I opened*	ai *ou*·pənt
Abriré	*I will open*	ai uil *ou*·pən

presente	
(Yo) Compro	*I buy*
(Tú) Compras	*You buy*
(Él) Compra	*He/she/it buys*
(Nosotros) Compramos	*We buy*
(Vosotros) Compráis	*You buy*
(Ellos) Compran	*They buy*

Véanse también los verbos **ser, estar, haber, tener, deber, poder.**

conjunciones

Las principales conjunciones inglesas son las siguientes:

And equivale a 'y' en español y es la conjunción coordinativa por excelencia. Se emplea para unir dos palabras, sintagmas u oraciones de la misma categoría gramatical, es decir equivalentes.

blanco y negro   *black and white*   blæk ænd uait

Or, equivalente a 'o' en español, es una conjunción disyuntiva que opone dos palabras, sintagmas u oraciones equivalentes.

lleno o vacío   *full or empty*   ful or *emp*·ti

But es equivalente a 'pero' en español.

Ella es rica pero desgraciada.
She is rich, but unhappy.   shis rich bat an·*hæ*·pi

Because es una conjunción causal equivalente a 'porque'.

No podía ir a la fiesta porque estaba ocupado.
He couldn't go to the party   hi *ku*·dent gou tu də *par*·ti
because he was busy.   bi·*kos* hi uos *bi*·si

Like es una conjunción modal que equivale a 'como' en español.

Se comporta como si fuera el dueño.
He acts like he owns   hi akts laik hi ouns
the place.   də pleis

dificultades de comprensión
language dificulties

Hablo un poco de inglés.
I speak a little English.   ai spiik æ *li·*təl *in·*glish

¿Habla español?
Do you speak Spanish?   du yu spiik *spa·*nish

¿Hay alguien que hable español?
Does anyone   das e·ni·uan
speak Spanish?   spiik *spa·*nish

¿Me entiende?
Do you understand?   du yu an·dərs·tænd

(No) Entiendo.
I (don't) understand.   ai (dont) an·dərs·tænd

¿Cómo se pronuncia esta palabra?
How do you pronounce   ḥau du yu prə·*nauns*
this word?   đis uord

¿Cómo se escribe 'city'?
How do you   ḥau du yu
write 'city'?   rait *si·*ti

¿Qué significa …?
What does … mean?   uot das … miin

¿Puede repetirlo?
Could you repeat that?   kud yu ri·*piit* đat

se podrá oír …

*par·*don	*Pardon?*	**¿Cómo?**
nou	*No.*	**No.**
yes	*Yes.*	**Sí.**

palabras engañosas o false friends

Los *false friends* son palabras que se escriben o suenan de un modo parecido en español y en inglés, pero que tienen un significado completamente diferente. Debido a su similitud, estas palabras se utilizan a veces de manera errónea y dan origen a malentendidos. Así, *conductor* en inglés significa 'director de orquesta' y nada tiene que ver con la palabra 'chófer', que en inglés sería *driver*. Se debe tener cuidado con estas palabras, pues son errores muy fáciles de cometer.
He aquí algunos de los casos más habituales:

constipated   kons·ti·*pei*·tid   *estreñido/a*
No 'constipado', que en inglés es *to have a cold*.

embarrased   im·*bæ*·rrəst   *avergonzado/a*
No 'embarazada', que en inglés es *pregnant*.

large   laarch   *grande*
No 'largo', que en inglés es *long*.

parents   pe·rənts   *padres*
No 'parientes', que en inglés es *relatives*.

sensible   sen·si·bəl   *sensato/a*
No 'sensible', que en inglés es *sensitive*.

library   *lai*·bre·ri   *biblioteca*
No 'librería', que en inglés es *bookshop*.

actually   æk·tuə·li   *realmente*
No 'actualmente', que en inglés es *currently*.

números cardinales

cardinal numbers

0	*zero*	*si*·rou
1	*one*	uan
2	*two*	tu
3	*three*	zrii
4	*four*	foor
5	*five*	faiv
6	*six*	siks
7	*seven*	se·ven
8	*eight*	eit
9	*nine*	nain
10	*ten*	ten
11	*eleven*	i·*le*·ven
12	*twelve*	tuelv
13	*thirteen*	zer·*tiin*
14	*fourteen*	foor·*tiin*
15	*fifteen*	fif·*tiin*
16	*sixteen*	siks·*tiin*
17	*seventeen*	se·ven·*tiin*
18	*eighteen*	ei·*tiin*
19	*nineteen*	nain·*tiin*
20	*twenty*	*tuen*·ti
21	*twenty one*	*tuen*·ti uan
22	*twenty two*	*tuen*·ti tu
30	*thirty*	*zer*·ti
40	*fourty*	*foor*·ti
50	*fifty*	*fif*·ti
60	*sixty*	*siks*·ti
70	*seventy*	*se*·ven·ti
80	*eighty*	*ei*·ti
90	*ninety*	*nain*·ti
100	*hundred*	ḥan·dred
101	*hundred and one*	ḥan·dred ænd uan

102	*hundred and two*	ḥan·dred ænd tu
500	*five hundred*	faiv ḥan·dred
1000	*thousand*	zau·sen
1.000.000	*million*	mi·lion

números ordinales

		ordinal numbers
1°	*first*	ferst
2°	*second*	se·kond
3°	*third*	zerd
4°	*fourth*	foorz
5°	*fifth*	fifz

fracciones

		fractions
un cuarto	*a quarter*	æ kuor·tər
un tercio	*a third*	æ zerd
un medio	*a half*	æ ḥalf
tres cuartos	*three-quarters*	zrii- kuor·tərs
todo	*all*	ol
nada	*none*	non

cantidades

		amounts
un poquito	*a little*	æ li·təl
muchos/as	*many*	me·ni
algunos/as	*some*	sam
más	*more*	mor
menos	*less*	les

la hora

the time

¿Qué hora es?	*What time is it?*	uot taim is it
Es (la una).	*It's (one) o'clock.*	its uan o·*klok*
Son (las diez).	*It's (ten) o'clock.*	its ten o·*klok*

Es la una y cuarto.
It's quarter past one.   its *kuor*·tər past uan

Es la una y veinte.
It's twenty past one.   its *tuen*·ti past uan

Es la una y media.
It's half past one.   its ḥalf past uan

Es la una menos veinte.
It's twenty to one.   its *tuen*·ti tu uan

Es la una menos cuarto.
It's quarter to one.   its *kuor*·tər tu uan

Es temprano.	*It's early.*	its *er*·li
Es tarde.	*It's late.*	its leit
de la mañana	*am*	ei em
de la tarde	*pm*	pi em

los días de la semana

days of the week

lunes	*Monday*	mon·dei
martes	*Tuesday*	tius·dei
miércoles	*Wednesday*	uens·dei
jueves	*Thursday*	zars·dei

41

viernes	*Friday*	*frai*·dei
sábado	*Saturday*	*sa*·tər·dei
domingo	*Sunday*	*san*·dei

el calendario

the calendar

> **los meses**

enero	*January*	ya·niuə·ri
febrero	*February*	*fe*·bruə·ri
marzo	*March*	march
abril	*April*	*ei*·pril
mayo	*May*	mei
junio	*June*	yun
julio	*July*	yu·*lai*
agosto	*August*	o·gəst
septiembre	*September*	sep·*tem*·bər
octubre	*October*	ok·*tou*·bər
noviembre	*November*	nou·*vem*·bər
diciembre	*December*	di·*sem*·bər

> **las estaciones**

primavera	*spring*	spriŋ
verano	*summer*	*sa*·mər
otoño	*autumn*	*o*·təm
invierno	*winter*	*uin*·tər

fechas

dates

¿Qué día?
  What day? uot dei

¿Qué día es hoy?
  What date is it today? uot deit is it tu·*dei*

Es (el 18 de octubre).
  It's (october the eighteenth). its (ok·*tou*·bər đi ei·*tiinz*)

HERRAMIENTAS

42

presente

ahora	*now*	nau
ahora mismo	*right now*	rait nau
esta tarde	*this afternoon*	ðis *af·tər·nuun*
este mes	*this month*	ðis monz
esta mañana	*this morning*	ðis *mor·niŋ*
esta semana	*this week*	ðis uiik
este año	*this year*	ðis yiər
hoy	*today*	tu·*dei*
esta noche	*tonight*	tu·*nait*

pasado

hace ...	*... ago*	*... ə·gou*
(tres) días	*(three) days*	(zri) deis
media hora	*half an hour*	ḥalf æn auər
un rato	*a while*	æ uail
(cinco) años	*(five) years*	(faiv) yiərs
ayer	*yesterday*	*yes·*tər·dei
ayer por la ...	*yesterday...*	*yes·*tər·dei ...
tarde	*afternoon*	*af·*tər·nuun
noche	*night*	nait
mañana	*morning*	*mor·*niŋ
anteayer	*the day before*	ðə dei bi·*for*
	yesterday	*yes·*tər·dei
el mes pasado	*last month*	last monz
anoche	*last night*	last nait
la semana		
pasada	*last week*	last uiik
el año pasado	*last year*	last yiər
desde (mayo)	*since (May)*	sins (mei)

futuro

future

dentro de ...	in ...	in ...
(seis) días	(six) days	(siks) deis
una hora	an hour	æn auər
(cinco) minutos	(five) minutes	(faiv) mi·nits
un mes	a month	æ monz
... que viene	next ...	nekst ...
el mes	month	monz
la semana	week	uiik
el año	year	yiər
mañana	tomorrow	tu·mo·rrou
pasado mañana	the day after tomorrow	ðə dei af·tər tu·mo·rrou
mañana por la ...	tomorrow ...	tu·mo·rrou ...
tarde	afternoon	af·tər·nuun
noche	night	nait
mañana	morning	mor·niŋ
hasta (junio)	until (June)	ən·til (yun)

durante el día

during de day

tarde	afternoon	af·tər·nuun
madrugada	dawn	doon
día	day	dei
noche	evening /night	iv·niŋ
mediodía	midday	mi·dei
medianoche	midnight	mid·nait
mañana	morning	mor·niŋ
amanecer	sunrise	san·rais
puesta de sol	sunset	san·set

¿Dónde está el cajero automático más cercano?
Where's is the uers də
nearest ATM? *nii*·rest ei ti em

¿Puedo usar mi tarjeta de crédito para sacar dinero?
Can I use my credit card to kæn ai ius mai *kre*·dit kard tu
withdraw money? uiz·*dro* mo·ni

¿Cuál es el tipo de cambio?
What's the uots đi
exchange rate? eks·*cheinch* reit

¿Cuánto hay que pagar por eso?
What's the charge uots də charch
for that? for đat

¿Cuánto cuesta esto?
How much is this? hau mach is đis

Cuesta demasiado.
The price is too high. də prais is tuu hai

Es demasiado caro.
It's too expensive. its tuu iks·*pæn*·siv

¿Podría bajar un poco el precio?
Can you lower the price? kæn yu *lo*·uər də prais

Me gustaría	I'd like	aid laik
cambiar ...	to change ...	tu cheinch ...
dinero	money	mo·ni
un cheque	a traveller's	æ tra·və·lers
de viaje	cheque	chek

¿Aceptan ...?	Do you accept ...?	du yu ək·sept ...
tarjetas de crédito	credit cards	kre·dit kards
tarjetas de débito	debit cards	de·bit kards
cheques de viaje	traveller's cheques	tra·və·lers cheks

¿Tengo que pagar por adelantado?

| Do I need to pay | du ai niid tu pei |
| up front? | ap front |

¿Podría darme un recibo, por favor?

| Could I have a | kud ai hæv a |
| receipt please? | ri·sipt pliis |

Quisiera que me devolviera el dinero.

| I'd like my money back. | aid laik mai mo·ni bæk |

desplazarse

getting around

¿A qué hora sale el ...?	What time does the ... leave?	uot taim das də ... liiv
barco	boat	bout
autobús	bus (city)	bas (si·ti)
autocar	bus (intercity)	bas (in·tər·si·ti)
avión	plane	plein
tren	train	trein
tranvía	tram	træm
¿A qué hora es el ... (autobús)?	What time's the ... (bus)?	uot taims də ... (bas)
primer	first	ferst
último	last	last
próximo	next	nekst
Quisiera un asiento ...	I'd like a/an ... seat.	aid laik æ/æn ... siit
de pasillo	aisle	ail
de no fumadores	non-smoking	non smu·kiŋ
de fumadores	smoking	smou·kiŋ
junto a la ventana	window	uin·dou

preguntar una dirección

¿Cuál es la/su dirección?		
What's the/your address?		uots də/yor ə·dres
avenida	avenue	æ·və·niu
callejón	lane	lein
calle	street	striit
plaza	square	skuer

¿Hay ...?	Is there (a) ...?	is ðer æ ...
aire	air-	er
acondicionado	conditioning	kon·di·shə·niŋ
una manta	blanket	blǽn·kit
servicios	toilet	toi·let
vídeo	video	vi·diou

El ... tiene retraso/está cancelado.
The ... is delayed/   ðə ... is di·leid /
cancelled.   kan·selt

¿Cuánto tiempo se retrasará?
How long will   hau loŋ uil
it be delayed?   it bi di·leid

¿Está libre este asiento?
Is this seat free?   is ðis siit frii

Ése es mi asiento.
That's my seat.   ðats mai siit

¿Me podría decir cuándo llegamos a ...?
Can you tell me   kæn yu tel mi
when we get to ...?   uen ui get tu ...

¡Quiero bajarme aquí!
I want to get off   ai uont tu get of
here!   hiər

billetes

tickets

¿Tengo que reservar?
Do I need to book?   du ai niid tu buuk

¿Cuánto cuesta?
How much is it? ḥau mach is it

¿Dónde puedo comprar un billete?
Where can I buy uer kæn ai bai
a ticket? æ ti·ket

Está completo.
It's full. its ful

¿Cuánto se tarda?
How long does ḥau loŋ das
the trip take? ðə trip teik

¿Es un viaje directo?
Is it a direct route? is it a *dai*·rekt rut

Me gustaría ...	*I'd like to ...*	aid laik tu ...
mi billete.	*my ticket.*	mai ti·ket
cancelar	*cancel*	kæn·səl
cambiar	*change*	cheinch
confirmar	*confirm*	kon·ferm

Un billete de ida a (Wimbledon).
A one-way ticket æ uan·uei ti·ket
to (Wimbledon). tu (uin·bəl·don)

Dos billetes ...	*Two ...*	tu ...
por favor.	*tickets, please.*	ti·kets pliis
infantil	*child's*	chailds
de ida y vuelta	*return*	ri·tern
de estudiante	*student's*	stiu·dents
de primera clase	*1st-class*	ferst klas
de segunda clase	*2nd-class*	se·kond klas

equipaje

luggage

Mis maletas han sido ...	*My luggage has been ...*	mai *la·*gich ḥas biin ...
dañadas	*damaged*	*dæ·*mich
perdidas	*lost*	lost
robadas	*stolen*	*stou·*len

Mi equipaje no ha llegado.
My luggage hasn't arrived.
mai *la·*gich
ḥa·sent ə·*rraivt*

Quisiera una consigna.
I'd like a luggage locker.
aid laik a *la·*gich *lo·*kər

¿Me podría dar monedas/fichas?
Can I have some coins/tokens?
kæn ai ḥæv sam *koins/ tou·*kens

PUB

avión

plane

¿Cuándo sale el próximo vuelo para ...?
When's the next flight to ...?
uens ðə nekst flait tu ...

¿A qué hora tengo que facturar mi equipaje?
What time do I have to check in?
uot taim du ai ḥæv tu chek in

autobús

¿Qué autobús/autocar va a ...?
Which city/intercity   uich si·ti/ in·tər·si·ti
bus goes to ...?   bas gous tu ...

Éste/Ése.
This/That one.   đis/đat uan

El autobús número ...
Bus number ...   bas nam·bər ...

¿Puede avisarme cuando lleguemos a ...?
Please tell me when   pliis tel mi uen
we get to ...   ui get tu ...

tren

¿Qué estación es ésta?
What station is this?   uot stei·shən is đis

¿Cuál es la próxima estación?
What's the next station?   uots đə nekst stei·shən

¿Para el tren en (Manchester)?
Does this train stop   das đis trein stop
at (Manchester)?   æt (man·ches·tər)

¿Tengo que cambiar de tren?
Do I need to change   du ai niid tu cheinch
trains?   treins

¿Cuál es el	*Which*	uich
vagón ...?	*carriage is ...?*	ka·rrich is ...
de primera clase	*1st class*	ferst klas
para (Manchester)	*for (Manchester)*	for (man·ches·tər)
comedor	*for dining*	for dai·niŋ

barco

¿Hay chalecos salvavidas?
Are there life jackets? ar đer laif *ya*·kets

¿Cómo está el mar hoy?
What's the sea uots đə sii
like today? laik tu·*dei*

Estoy mareado.
I feel seasick. ai fiil *sii*·sik

taxi

Quisiera	*I'd like a*	aid laik æ
un taxi ...	*taxi ...*	*tak*·si ...
a (las nueve de		
la mañana)	*at (9 am)*	æt (nain ei em)
ahora	*now*	nau
mañana	*tomorrow*	tu·*mo*·rrou

¿Está libre este taxi?
Is this taxi free? is đis *tak*·si frii

Por favor, ponga el taxímetro.
Please put the meter on. pliis put đə *mi*·tər on

¿Cuánto cuesta ir a ...?
How much is it to ...? ḥau mach is it tu ...

Por favor, lléveme a (esta dirección).
Please take me to pliis teik mi tu
(this address). (đis ə·*dres*)

Voy con mucho retraso.
I'm really late. aim *rii*·li leit

¿Cuánto es en total?
How much is the final fare? — ḥau mach is đə *fai·nəl fer*

Por favor ... *Please ...* pliis ...
vaya más despacio *slow down* lou daun
espere aquí *wait here* ueit ḥiər

¡Pare ...! *Stop ...!* stop ...
en la esquina *at the corner* æt đə *kor·nər*
aquí *here* ḥiər

automóvil y motocicleta

car & motorbike

¿Dónde se puede alquilar un/una ...?
Where can I hire a ...? uer kæn ai ḥair æ ...

¿Incluye el seguro/kilometraje?
Does that include insurance/mileage? das đat in·*klud* in·shu·rəns/ *mi·*liich

Quisiera alquilar ... *I'd like to hire a/an ...* aid laik tu ḥair æ/æn ...
un todoterreno *4WD* foor *da·*bəl iu di
un coche automático *automatic car* o·tə·*mæ·*tik kar
un coche manual *manual car* mæ·niuəl kar
una moto *motorbike* mo·tər·baik

con ... *with ...* uiz ...
aire acondicionado *air conditioning* er kon·*di·*shə·niŋ
un chófer *a driver* æ *drai·*vər

¿Cuánto cuesta el alquiler por ...? *How much for... hire?* ḥau mach for ... ḥair
día *daily* *dei·*li
hora *hourly* auər·li
semana *weekly* uii·kli

en la carretera

¿Se va a ... por esta carretera?
Is this the road to ...? — is ðis ðə roud tu ...

¿Dónde hay una gasolinera?
Where's a petrol station? — uers æ pe·trəl stei·shən

¿Cuál es el límite de velocidad ...? — *What's the ... speed limit?* — uots ðə ... spiid li·mit
  en ciudad — *city* — si·ti
  en carretera — *country* — kaun·tri

señales		
Entrance	en·trans	**acceso**
Parking	par·kiŋ	**aparcamiento**
Give Way	giv uei	**ceda el paso**
Detour	di·tur	**desvío**
One Way	uan uei	**dirección única**
Slow Down	slou daun	**modere la velocidad**
Toll	tol	**peaje**
Danger	dein·yər	**peligro**
No Parking	no par·kiŋ	**prohibido aparcar**
No Entry	no en·tri	**prohibido el paso**
Stop	Stop	**stop**
Exit Freeway	ek·sit frii·uei	**vía de acceso**

Por favor, llene el depósito.
Please fill it up.   pliis fil it ap

Quiero (veinte)	*I'd like (20)*	aid laik (*tuen*·ti)
litros de ...	*litres of ...*	*li*·tərs of ...
gasolina	*petrol (gas)*	*pe*·trəl (gas)
diésel	*diesel*	*di*·səl
gasolina	*leaded*	*le*·did
normal	*(regular)*	(*re*·giu·lər)
gasolina		
sin plomo	*unleaded*	an·*le*·did

Por favor,	*Please check*	pliis chek
revise ...	*the ...*	ðə ...
el nivel		
del aceite	*oil*	oil
la presión de		
los neumáticos	*tyre pressure*	tair *pre*·shər
el nivel		
del agua	*water*	*uo*·tər

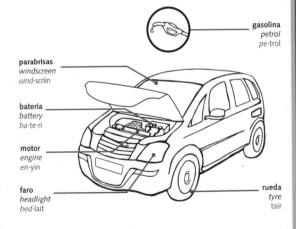

gasolina
petrol
pe·trol

parabrisas
windscreen
uind·scriin

batería
battery
ba·te·ri

motor
engine
en·yin

faro
headlight
ḥed·lait

rueda
tyre
tair

uot meik/*mo·dəl* is it?
What make/model is it? ¿De qué marca es?

¿(Durante cuánto tiempo) puedo aparcar aquí?
(How long) can I (hau lon) kæn ai
park here? park hiar

¿Dónde se paga? *Where do I pay?* uer du ai pei

problemas

problems

Necesito un mecánico.
I need a mechanic. ai niid æ mi·kæ·nik

El coche se ha averiado (en ...).
The car has broken ðə kar has *brou·*ken
down (at ...). daun (æt ...)

He tenido un accidente.
I had an accident. ai had æn æk·si·dənt

No arranca la moto.
The motorbike ðə *mo·*tər·baik
won't start. uont start

Tengo un pinchazo.
I have a flat tyre. ai hæv æ flæt tair

He perdido las llaves de mi coche.
I've lost my aiv lost mai
car keys. kar kiis

He cerrado con las llaves dentro.
I've locked my keys inside.   aiv lokt mai kiis in·*said*

Me he quedado sin gasolina.
I've run out   aiv ran aut
of petrol.   of *pe*·trəl

¿Puede arreglarlo (hoy)?
Can you fix it (today)?   kæn yu fiks it (tu·*dei*)

¿Cuánto tardará?
How long will it take?   ḥau loŋ uil it teik

bicicleta

bicycle

¿Dónde se puede alquilar una bicicleta?
Where can I hire   uer kæn ai ḥair
a bicycle?   æ *bai*·si·kəl

¿Dónde se puede comprar una bicicleta (de segunda mano)?
Where can I buy a   uer kæn ai bai æ
(second-hand) bike?   (*se*·kond·ḥænd) baik

¿Cuánto cuesta	*How much*	ḥau mach
por ...?	*is it per ...?*	is it per ...
una tarde	*afternoon*	*af*·tər·nuun
un día	*day*	dei
una hora	*hour*	auər
una mañana	*morning*	*mor*·niŋ

Se me ha pinchado una rueda.
I have a puncture.   ai ḥæv æ *pank*·chər

transporte

transporte local

¿Está esperando a más gente?
Are you waiting ar yu *uei*·tiŋ
for more people? for mor *pii*·pol

¿Nos puede llevar por la ciudad?
Can you take us around kæn yu teik as ə·raund
the city please? ðə *si*·ti pliis

Para encontrar otras frases relacionadas con los accesos para personas con discapacidades, véase p. 95.

señales		
Customs	*kas*·təms	**aduana**
Duty-Free Goods	*diu*·ti frii guuds	**artículos libres de impuestos**
Exit/Way Out	ek·sit/uei aut	**salida**
Passport Control	*pas*·port kən·*trol*	**control de pasaporte**

EN PRÁCTICA

58

control de pasaportes

passport control

se podrá oír ...

yor ... pliis	Your ... please.	Su ... por favor.
pas·port	passport	pasaporte
vi·sa	visa	visado
ar yu	Are you	¿Está
tra·və·liŋ ...	travelling ...?	viajando ... ?
in æ grup	in a group	en un grupo
uiz æ	with a	con una
fæ·mi·li	family	familia
on yor oun	on your own	solo

Estoy aquí ...	I'm here ...	aim ḥiər ...
por negocios	on business	on *bis*·nis
de vacaciones	on holiday	on ḥo·li·dei
de paso	in transit	in *træn*·sit
Estaré aquí	I'm here for ...	aim ḥiər for ...
durante ...		
unos días	days	deis
unos meses	months	monzs
unas semanas	weeks	uiiks

en la aduana

No tengo nada que declarar.
I have nothing to declare. ai hæv *no·*ziŋ tu di·*kler*

Quisiera declarar algo.
I have something ai hæv *som·*ziŋ
to declare. tu di·*kler*

No sabía que tenía que declararlo.
I didn't know I had ai di·dent nou ai had
to declare it tu di·*kler* it

rellenar formularios

Surname	Apellido (s)– Los ingleses suelen tener un solo apellido, el del padre.
Address (residence)	Domicilio
Issued at	Expedido en
Date	Fecha
Date of birth	Fecha de nacimiento
Signatura	Firma
Place of birth	Lugar de nacimiento
Nationality	Nacionalidad
Given name	Nombre
Passport	Pasaporte
Occupation	Profesión

buscar alojamiento

finding accommodation

¿Dónde hay ...?	Where's a ...?	uers æ ...
una pensión con desayuno	bed & breakfast	bed ænd *brek*·fəst
un cámping	camping ground	*kæm*·piŋ graund
una pensión	guesthouse	*gest*·haus
un hotel	hotel	ho·*tel*
un albergue juvenil	youth hostel	yuz *hos*·tel

¿Puede recomendar algún sitio ...?	Can you recommend somewhere ...?	kæn yu re·kə·mend *som*·uer ...
barato	cheap	chiip
agradable	nice	nais
de lujo	luxurious	lak·*siu*·riəs
cercano	nearby	*niər*·bai
romántico	romantic	ro·*mæn*·tik

¿Cuál es la dirección?
What's the address?   uots đi ə·*dres*

Para más información, véase **direcciones,** en p. 71.

de uso cotidiano		
antro	*dive*	daiv
plagado de ratas	*rat-infested*	rat·in·*fes*·tid
sitio güay	*top spot*	top spot

reservas y registros

Quisiera reservar una habitación.
I'd like to book   aid laik tu buuk
a room, please.   æ ruum pliis

Tengo una reserva.
I have a reservation.   ai ḥæv æ re·sər·*vei*·shən

Me llamo ...
My name's ...   mai neims ...

Para (tres) noches/semanas.
For (three) nights/weeks.   for (zrii) naits/uiiks

Desde (el dos de julio) hasta (el seis de julio).
From (July the second)   from (yu·*lai* ðə se·kond)
to (July the sixth).   tu (yu·*lai* ðə siksz)

¿Necesito pagar por adelantado?
Do I need to pay upfront?   du ai niid tu pei ap·*front*

se podrá oír ...

aim *so*·rri ui ar ful *I'm sorry,* *we're full.*	Lo siento, está completo.
for ḥau *me*·ni naits *For how many nights?*	¿Cuántas noches?
yor *pas*·port pliis *Your passport,* *please.*	Su pasaporte, por favor.

¿Cuánto cuesta	How much	ḥau mach
por ...?	is it per ...?	is it per ...
noche	night	nait
persona	person	per·son
semana	week	uiik

¿Puedo pagar	Can I	kæn ai
con ...?	pay by ...?	pei bai ...
tarjeta de		
crédito	credit card	kre·dit kard
cheques	traveller's	tra·və·lers
de viaje	cheques	cheks

Para otras formas de pago, véase **dinero**, en p. 45.

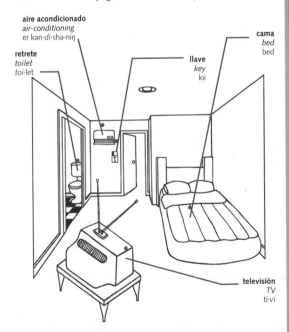

aire acondicionado
air-conditioning
er kən·di·shə·niŋ

cama
bed
bed

retrete
toilet
toi·let

llave
key
kii

televisión
TV
ti·vi

¿Tiene una habitación …?	Do you have a … room?	du yu hæv æ … ruum
doble	*double*	*da·bəl*
individual	*single*	*sin·gəl*
con dos camas	*twin*	tuin
con/sin …	*with/without (a) …*	uiz/ui·zaut (æ) …
¿Puedo verla?	*Can I see it?*	kæn ai sii it
Vale,	*It's fine,*	its fain
me la quedo.	*I'll take it.*	ail teik it

peticiones y preguntas

¿Cuándo/dónde se sirve el desayuno?
When/Where's breakfast served?
uen/uers brek·fəst servt

Por favor, despiérteme a (las siete).
Please wake me at (seven).
pliis ueik mi æt (se·ven)

¿Puede darme otro/otra …?	Can I get another …?	kæn ai get ə·no·đər …
¿Puedo usar …?	*Can I use the …?*	kæn ai ius đə …
la cocina	*kitchen*	*ki*·chen
el lavadero	*laundry*	*laun*·dri
el teléfono	*telephone*	*te*·le·foun
¿Hay …?	*Is there a/an …?*	is đer æ/æn …
ascensor	*lift (elevator)*	lift (ə·le·*vei*·tər)
tablón de anuncios	*message board*	*me*·sich bord
una caja fuerte	*safe*	seif
piscina	*swimming pool*	*sui*·miŋ puul

¿Aquí ...?	*Do you ... here?*	du yu ... hiər
organizan circuitos	*arrange tours*	ə·rreinch turs
cambian dinero	*change money*	cheinch mo·ni

señales

Business Centre	bis·nis sen·tər	**centro financiero**
Reception	re·sep·shən	**recepción**
Emergency Exit	i·mer·yən·si ek·sit	**salida de emergencia**
Toilets	toi·lets	**servicios**
Laundry Service	laun·dri ser·vis	**servicio de lavandería**

¿Puedo dejar un mensaje para alguien?
Can I leave a message for someone?	kæn ai liiv æ me·sich for som·uan

¿Tiene algún mensaje para mí?
Is there a message for me?	is ðer æ me·sich for mi

Cerré la puerta y se me olvidaron las llaves dentro.
I'm locked out of my room.	aim lokt aut of mai ruum

La puerta (del baño) está cerrada con llave.
The (bathroom) door is locked.	ðə (baz·ruum) door is lokt

quejas

complaints

Es demasiado ...	*It's too ...*	its tuu ...
frío	*cold*	kould
oscura	*dark*	dark
cara	*expensive*	iks·*pæn*·siv
clara	*light*	lait
ruidosa	*noisy*	*noi*·si
pequeña	*small*	smol

No funciona ...	*The ... doesn't work.*	ðə ... *da*·sent uork
el aire acondicionado	*air- conditioning*	er kon·*di*·shə·niŋ
el ventilador	*fan*	fæn
el servicio	*toilet*	*toi*·let
la ventana	*window*	*uin*·dou

Este/Esta ... no está limpio/a.
This ... isn't clean.   ðis ... isent kliin

llaman a la puerta

¿Quién es?
Who is it?   hu is it

Un momento.
Just a moment.   yast æ *mou*·ment

Adelante.
Come in.   kam in

¿Puede volver más tarde, por favor?
Can you come back later, please?   kæn yu kam bæk *lei*·tər pliis

salida del hotel

¿A qué hora hay que dejar libre la habitación?
What time is   uot taim is
check out?   chek aut

¿Qué extra hay que pagar para quedarse hasta las seis?
How much extra to   ḥau mach *eks*·tra tu
stay until (6 o'clock)?   stei an·til (siks o·*klok*)

¿Puedo dejar la habitación más tarde?
Can I have a late   kæn ai ḥæv æ leit
check out?   chek aut

¿Puedo dejar las maletas aquí?
Can I leave my   kæn ai liiv mai
bags here?   bægs ḥiər

Hay un error en la cuenta.
There's a mistake   ðers æ mis·*teik*
in the bill.   in ðə bil

Me voy ahora.
I'm leaving now.   aim *lii*·viŋ nau

¿Me puede pedir un taxi (para las once)?
Can you call a taxi for   kæn yu kol æ *tak*·si for mi
me for (11 o'clock)?   for (i·*le*·ven o·*klok*)

¿Me puede dar ..., por favor?	Could I have ..., please?	kud ai ḥæv ... pliis
mi depósito	my deposit	mai di·*po*·sit
mi pasaporte	my passport	mai *pas*·port
mis objetos de valor	my valuables	mai *va*·liue·bəls

Volveré ...	I'll be back ...	ail bi bæk ...
dentro de (tres) días	in (three) days	in (zrii) deis
el (martes)	on (Tuesday)	on (*tius*·dei)

He tenido una estancia muy agradable, gracias.
I had a great stay,   ai ḥad æ greit stei
thank you.   zank yu

Han sido estupendos.
You've been   yuv biin
terrific.   te·*rri*·fik

Se lo recomendaré a mis amigos.
I'll recommend it   ail re·kə·mend it
to my friends.   tu mai frends

cámping

¿Dónde está ...?	*Where's the nearest ...?*	uer is ðə *nii*·rest ...
el cámping más cercano	*camp site*	kæmp sait
la tienda más cercana	*shop*	shop
Estoy buscando los/las ... más cercanos/as.	*I'm looking for the nearest ...*	aim *luu*·kiŋ for ðə *nii*·rest
duchas	*showers*	*sha*·uers
servicios	*toilet block*	*toi*·let blok

¿Funciona con monedas?
Is it coin-operated?   is it koin·o·pə·*rei*·tid

¿Se puede beber el agua?
Is the water   is ðə *uo*·tər
drinkable?   *drin*·kə·bəl

¿Se puede ...?	*Can I ...?*	kæn ai ...
acampar aquí	*camp here*	kæmp ḥiər
aparcar al lado de la tienda	*park next to my tent*	park nekst tu mai tent

¿Tiene ...?	Do you have ...?	du yu hæv ...
electricidad	electricity	i·lek·tri.si·ti
duchas	shower	sha·uer
	facilities	fa·si·li·tis
una parcela	a site	æ sait
tiendas de campaña para alquilar	tents for hire	tents for hair

¿Cuánto vale por ...?	How much is it per ...?	hau mach is it per ...
caravana	caravan	kæ·rə·væn
persona	person	per·son
tienda	tent	tent
vehículo	vehicle	ve·i·kəl

¿Con quién tengo que hablar para quedarme aquí?

Whom do I ask to stay here?	hum du ai ask tu stei hiər

¿Me puede prestar ...?

Could I borrow ...?	kud ai bo·rrou ...

Para más información sobre utensilios de cocina, véase p. 159.

alquilar

renting

¿Tiene un/una ... para alquilar?	Do you have a/an ... for rent?	du yu hæv æ/æn ... for rent
piso	apartment	ə·part·ment
cabaña	cabin	ka·bin
casa	house	haus
habitación	room	ruum
chalet	villa	vi·la
amueblado	furnished	fer·nisht
semi amueblado	partly furnished	part·li fer·nisht
sin amueblar	unfurnished	an·fer·nisht

alojamiento

69

alojamiento en casas particulares

staying with locals

¿Me puedo quedar en tu casa?
Can I stay at your place?   kæn ai stei æt yor pleis

¿Puedo ayudar?
Can I help?   kæn ai help

¿Puedo usar el teléfono?
Can I use your telephone?   kæn ai ius yor *te*·le·foun

Gracias por tu hospitalidad.
Thanks for your hospitality.   zanks for yor hos·pi·*ta*·li·ti

Tengo mi propio ...	*I have my own ...*	ai hæv mai oun ...
colchón	*mattress*	*ma*·tres
saco de dormir	*sleeping bag*	*slii*·piŋ bæg

¿Puedo ...?	*Can I ...?*	kæn ai ...
traer algo para	*bring anything*	briŋ *e*·ni·ziŋ
la comida	*for the meal*	for ðə miil
lavar los platos	*do the dishes*	du ðə *di*·shis
poner/quitar	*set/clear*	set/kli·ər
la mesa	*the table*	ðə *tei*·bəl
sacar la basura	*take out the*	teik aut ðə
	rubbish	*ra*·bish

Para saber cómo felicitar al cocinero o la cocinera, véase **comida**, en p. 151.

señales		
Men	men	**caballeros**
Hot	hot	**caliente**
No entry	no *en*·tri	**prohibida la entrada**
Cold	kould	**frío**
Women	*ui*·men	**señoras**

EN PRÁCTICA

Perdone.
Excuse me.   eks·*kius* mi

¿Perdone, puede ayudarme por favor?
Could you help me, please?   kud yu ḥelp mi pliis

¿Dónde está ...?
Where's ...?   uers

Busco ...
I'm looking for ...   aim *luu*·kiŋ for ...

¿Por dónde se va a ...?
Which way is ...?   uich uei is ...

¿Cómo se puede ir?
How can I get there?   ḥau kæn ai get đer

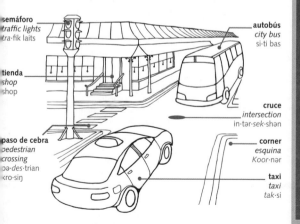

semáforo
traffic lights
tra·fik laits

tienda
shop
shop

paso de cebra
pedestrian
crossing
pa·*des*·trian
*kro·*siŋ

autobús
city bus
si·ti bas

cruce
intersection
in·tər·*sek*·shən

corner
esquina
Koor·nər

taxi
taxi
tak·si

¿A cuánta dístancia está?
How far is it?   hau far is it

¿Me lo puede indicar (en el mapa)?
Can you show me   kæn yu shou mi
(on the map)?   (on ðə mæp)

Está ...	*It's ...*	its ...
detrás de ...	*behind ...*	bi·haind ...
lejos	*far away*	far ə·uei
aquí	*here*	hiər
enfrente de ...	*in front of ...*	in front of ...
por la izquierda	*left*	left
cerca	*near*	niər
al lado de ...	*next to ...*	nekst tu ...
frente a ...	*opposite ...*	o·po·sit ...
por la derecha	*right*	rait
todo recto	*straight ahead*	streit ə·hed
ahí	*there*	ðer

Gire ...	*Turn ...*	tarn ...
en la esquina	*at the corner*	æt ðə kor·nər
en el semáforo	*at the traffic lights*	æt ðə træ·fik laits
a la izquierda /derecha	*left/right*	left/rait

en autobús	*by bus*	bai bas
a pie	*on foot*	on fuut
en taxi	*by taxi*	bai tak·si
en tren	*by train*	bai trein

Está a ...	*It's ...*	its ...
... metros	*... metres*	... mi·tərs
... kilómetros	*... kilometres*	... ki·lo·mi·tərs
... minutos	*... minutes*	... mi·nits

Para más información sobre direcciones y puntos cardinales, véase **diccionario**.

dónde ...

looking for ...

¿Dónde hay ...?
Where's ...?   uers ...

¿Dónde puedo comprar ...?
Where can I buy ...?   uer kæn ai bai ...

banco   *bank*   bænk
supermercado   *supermarket* su·pər·*mar*·kit

Para más información sobre este tema, véase **direcciones,** en
p. 71 y **diccionario.**

hacer una compra

making a purchase

¿Cuánto cuesta?
How much is this?   hau mach is đis

Quisiera comprar ...
I'd like to buy ...   aid laik tu bai ...

Sólo estoy mirando.
I'm just looking.   aim yast *luu*·kiŋ

¿Puedo verlo?
Can I look at it?   kæn ai luuk æt it

¿Tiene otros?
Do you have any others?   du yu ḥæv o·đərs

¿Tiene algo más barato?
Do you have   du yu ḥæv
something cheaper?   som·ziŋ *chii*·pər

¿Aceptan ...?	Do you accept ...?	du yu ək·*sept* ...
tarjetas		
de crédito	*credit cards*	*kre*·dit kards
tarjetas	*debit*	*de*·bit
de débito	*cards*	kards
cheques	*traveller's*	*tra*·və·lers
de viaje	*cheques*	cheks
¿Podría darme ...	*Could I have a ...*	kud ai hæv æ ...
por favor?	*please?*	pliis
una bolsa	*bag*	bæg
un recibo	*receipt*	ri·*sipt*

¿Puede escribir el precio?
Can you write down   kæn yu rait daun
the price?   ðə prais

¿Me lo podría envolver?
Could I have   kud ai hæv
it wrapped?   it rapt

¿Tiene garantía?
Does it have   das it hæv
a guarantee?   æ gæ·rən·*tii*

¿Pueden enviarlo por correo a otro país?
Can I have it sent overseas? kæn ai ḥæv it sent ou·vər·siis

¿Me lo puede pedir?
Can you order it for me? kæn yu or·dər it for mi

¿Puedo recogerlo más tarde?
Can I pick it up later? kæn ai pik it ap *lei*·tər

Está defectuoso.
It's faulty. its *fol*·ti

Quisiera ...,	*I'd like ...,*	aid laik ...
por favor.	*please.*	pliis
mi cambio	*my change*	mai cheinch
que me devuelva		
el dinero	*my money back*	mai *mo*·ni bæk
devolver esto	*to return this*	tu ri·*tern* đis

de uso cotidiano

ganga	*bargain*	bar·gein
cazador	*bargain*	bar·gein
de ofertas	*hunter*	ḥan·tər
estafa	*rip-off*	rip of
rebajas	*sale*	*seil*
oferta	*specials*	spe·shiəls

regatear

bargaining

Es muy caro.
That's too expensive. đats tu iks·*pæn*·siv

¿Podría bajar un poco el precio?
Can you lower the price? kæn yu *lo*·uər đə prais

Le daré ...
I'll give you ... ail giv yu ...

ropa

clothes

¿Me lo puedo probar?
Can I try it on? kæn ai trai it on

Uso la talla ...
My size is ... *mai sais is ...*

No me queda bien.
It doesn't fit. it *da*·sent fit

reparaciones

repairs

¿Puede reparar mi ... aquí?	*Can I have my ... repaired here?*	kæn ai hæv mai ... ri·*perd* ḥiər
mochila	*backpack*	bæk·pæk
cámara	*camera*	*kæ*·mə·rə
¿Cuándo estarán listos/as mis ...?	*When will my ... be ready?*	uen uil mai ... bi *re*·di
gafas (de sol)	*(sun)glasses*	(san) *gla*·sis
zapatos	*shoes*	shus

Para más información sobre prendas de vestir, véase **diccionario**.

costurero		
botones	*buttons*	*ba*·tons
aguja	*needle*	*nii*·dəl
tijeras	*scissors*	*si*·sors
hilo	*thread*	*zred*

peluquería

Quisiera ...	I'd like (a) ...	aid laik (æ) ...
un secado a mano	blow wave	blou ueiv
un tinte de pelo	colour	ko·lər
un corte de pelo	haircut	ḥer·kat
reflejos	highlights	ḥai·laits
que me recorte la barba	my beard trimmed	mai biard trimt
que me afeite	shave	sheiv

No me lo corte demasiado.
Don't cut it too short.　dont kat it tuu short

¡Aféitelo todo!
Shave it all off!　sheiv it ol of

Por favor, use una cuchilla nueva.
Please use a new blade.　pliis ius æ niu bleid

literatura inglesa

Shakespeare es motivo de adoración por parte de los ingleses. No es para menos, ya que no sólo supo dar a la literatura inglesa proyección universal, sino que además es el padre del inglés moderno. En Londres se puede visitar The Globe, un teatro dedicado a su obra en el que se puede asistir a alguna representación.

libros

¿Hay algún/alguna ... en español?	Is there a/an (Spanish-language) ...?	is đer æ/æn (spa·nish læn·guich
libro de ...	book by ...	buuk bai ...
librería	bookshop	buuk·shop
guía del ocio	entertainment guide	en·tər·tein·ment gaid
sección	section	sek·shən

(No) Me gusta/n ...
I (don't) like ...   ai (dont) laik ...

¿Tiene guías Lonely Planet?
Do you have Lonely Planet   du yu hæv lon·li plæ·nit
guidebooks?   gaid·buuks

¿Tiene alguna guía de conversación mejor que ésta?
Do you have a better   du yu hæv æ be·tər
phrasebook than this?   freis·buuk đan đis

Para más información sobre libros, véase **intereses,** en p. 109.

música

Escuché a un grupo que se llama ...
I heard a band called ...   ai herd æ bænd kold ...

Escuché a un/una cantante que se llama ...
I heard a singer called ...   ai herd æ sin·gər kold ...

¿Cuál es su mejor disco?
What's their best recording?
uots đer best ri·kor·diŋ

¿Puedo escuchar este ... aquí?
Can I listen to this?
kæn ai li·sen tu đis

¿Es una copia pirata?
Is this a pirated copy?
is đis æ pai·ri·tid ko·pi

Quisiera ...	*I'd like (a) ...*	aid laik (æ) ...
una cinta virgen	*blank tape*	blænk teip
un CD	*CD*	si di
unos auriculares	*headphones*	hed·founs

fotografía

Necesito fotos de pasaporte.
I need a passport photo taken.
ai niid æ pas·port fou·tou tei·ken

¿Cuánto cuesta revelar este carrete?
How much is it to develop this film?
hau mach is it tu de·ve·loup đis film

¿Puede poner el carrete?
Can you load my film?
kæn yu loud mai film

Quisiera dos copias.
I'd like double copies.
aid laik da·bəl ko·pis

¿Cuándo estará listo?
When will it be ready?   uen uil it bi *re*·di

No estoy contento/a con estas fotos.
I'm not happy with   aim not ḥæ·pi uiz
these photos.   đis *fou*·tous

No quiero pagar el precio íntegro.
I don't want to pay   ai dont uont tu pei
the full price.   đə ful prais

¿Tiene películas de diapositivas?
Do you have slide film?   du yu ḥæv slaid film

Necesito una	*I need ...*	ai niid ...
película ... para	*film for this*	film for đis
esta cámara.	*camera.*	*kæ*·mə·rə
APS	*APS*	ei pi es
en blanco y negro	*B&W*	blæk ænd uait
en color	*colour*	*ko*·lər
de sensibilidad	*(400)*	(foor·*ḥan*·dred)
(cuatrocientos)	*speed*	spiid

pilas	*batteries*	*ba*·tə·ris
cámara (fotográfica)	*camera*	*kæ*·mə·rə
cámara	*disposable*	dis·*po*·sə·bəl
desechable	*camera*	*kæ*·mə·rə
flash	*flash*	flæsh
cámara	*underwater*	an·dər·*uo*·tər
submarina	*camera*	*kæ*·mə·rə

correos

post office

Quisiera enviar ...	*I want to send a ...*	ai uont tu send æ ...
un fax	*fax*	fæks
un paquete	*parcel*	*par*·səl
una postal	*postcard*	*poust*·kard

Quisiera	*I want to*	ai uont tu
comprar ...	*buy (an) ...*	bai (æn) ...
un aerograma	*aerogram*	e·ro·græm
un sobre	*envelope*	*an*·və·loup
sellos	*stamps*	stæmps

por vía aérea	*airmail*	*er*·meil
declaración	*customs*	*kas*·təms
de aduana	*declaration*	de·klə·*rei*·shən
nacional	*domestic*	do·*mes*·tik
correo urgente	*express mail*	eks·*pres* meil
frágil	*fragile*	*fræ*·yail
pegamento	*glue*	glu
internacional	*international*	in·tər·*næ*·shə·nəl
buzón	*mail box*	meil boks
código postal	*postcode*	*poust*·koud
correo certificado	*registered mail*	*re*·yis·trid meil
por vía terrestre	*surface mail*	*ser*·fis meil

Por favor, mándelo por vía aérea/terrestre a ...
Please send it by   pliis send it bai
air/surface mail to ...   er/*ser*·fis meil tu ...

Contiene ...
It contains ...   it kon·*teins* ...

¿Dónde está la lista de correos?
Where's the poste
restante section?
uers đə poust
res·*tant* sek·shən

¿Hay alguna carta para mí?
Is there any mail for me?
is đer e·ni meil for mi

teléfono

phone

¿Cuál es tu número de teléfono?
What's your phone
number?
uots yor foun
nam·bər

¿Dónde hay una cabina telefónica?
Where's the nearest
public phone?
uers đə *nii*·rest
pa·blik foun

Quiero hacer	I want	ai uont
una ...	to make a ...	tu meik æ ...
(a Singapur).	(to Singapore).	(tu sin·ga·*por*)
llamada	call	kol
llamada a cobro	reverse-charge/	ri·*vers*·charch/
revertido	collect call	kə·*lekt* kol

Quiero ...	I want to ...	ai uont tu ...
comprar una		
tarjeta	buy a phone	bai æ foun
telefónica	card	kard
hablar (tres)	speak for (three)	spiik for (zrii)
minutos	minutes	*mi*·nits

¿Cuánto	How much	hau mach
cuesta ...?	does ... cost?	das ... kost
una llamada de	a (three)-	æ (zrii)
(tres) minutos	minute call	*mi*·nit kol
cada minuto extra	each extra minute	iich *eks*·tra *mi*·nit

El número es ...
The number is ...
đə nam·bər is ...

¿Cuál es el prefijo de zona de ...?
What's the area code for ...?   uots ði e·ri·ə koud for ...

¿Cuál es el prefijo nacional de ...?
What's the country   uots ðə *kaun*·tri
code for ...?   koud for ...

Está comunicando.
It's engaged.   its en·*geich*

Me han cortado (la comunicación).
I've been cut off.   aiv biin kat of

La conexión es mala.
The connection's bad.   ðə ko·*nek*·shəns bæd

Hola.	*Hello.*	he·*lou*
¿Diga?	*Hello?*	he·*lou*
¿Está ...?	*Can I speak to ...?*	kæn ai spiik tu ...
Soy ...	*It's ...*	its ...

---

se podrá oír ...

hus ko·liŋ
Who's calling?   ¿De parte de quién?

hu du yu uont tu spiik tu
Who do you want   ¿Con quién
to speak to?   quiere hablar?

aim so·rri, his/shis not hiər
I'm sorry, he's/she's   Lo siento, pero
not here.   ahora no está.

so·rri, roŋ nam·bər
Sorry, wrong number.   Lo siento, se ha
    equivocado
    de número.

uan mou·ment
One moment.   Un momento.

yes, his/shis hiər
Yes, he's/she's here.   Sí, está aquí.

comunicaciones

83

¿Puedo dejar un mensaje?
*Can I leave
a message?*
kæn ai liiv
æ me·sich

Sí, por favor, dígale que he llamado.
*Please tell him/her
I called.*
pliis tel ḥim/ḥer
ai kold.

Ya llamaré más tarde.
I'll call back later.
ail kol bæk lei·tər

teléfono móvil

mobile/cell phone

Quisiera ...	*I'd like a/an ...*	aid laik æ/æn ...
un adaptador	*adaptor plug*	ə·dæp·tər plæg
un cargador	*charger for*	char·yər for
para mi		
teléfono	*my phone*	mai foun
un móvil para	*mobile/cell*	mo·bail/sel
alquilar	*phone for hire*	foun for ḥair
una tarjeta		
de prepago	*prepaid phone*	pri·peid foun
una tarjeta SIM	*SIM card for*	sim kard for
para su red	*your network*	yor net·uork

¿Cuál es la tarifa?
What are the rates?
uot ar ðə reits

(treinta centavos/peniques) por (treinta) segundos
*(30c) per
(30) seconds.*
(zer·ti sents/pens) per
(zer·ti) se·konds

internet

¿Dónde hay un cibercafé cercano?
*Where's the local
Internet cafe?*
uers də *lou·*kəl
in·tər·*net* ka·*fe*

Quisiera ...	*I'd like to ...*	aid laik tu ...
revisar mi correo electrónico	*check my email*	chek mai i·meil
usar Internet	*get Internet access*	get in·tər·*net* æk·ses
usar una impresora	*use a printer*	ius æ *prin·*tər
usar un escáner	*use a scanner*	ius æ *skæ·*nər

¿Cuánto cuesta por ...?	*How much per ...?*	ḥau mach per ...
CD	*CD*	si di
hora	*hour*	auər
(cinco) minutos	*(five) minutes*	(faiv) *mi·*nits
página	*page*	peich

¿Tiene ...?	*Do you have ...?*	du yu ḥæv ...
Mac	*Macs*	maks
PC	*PCs*	pi sis
unidad de Zip	*a Zip drive*	æ sip draiv

¿Cómo entro en el sistema?
How do I log on?
ḥau du ai log on

Se ha quedado colgado.
    It's crashed.   its krasht

He terminado.
    I've finished.   aiv *fi*·nisht

internet en inglés

El inglés se ha convertido en una herramienta indispensable para las labores informáticas. Son muchos los términos informáticos que se emplean en esta lengua y, de este modo, palabras como *net*, *online* o *e-mail* forman parte del vocabulario cotidiano de muchos hablantes del planeta, sepan o no hablar inglés.

Las direcciones de correo electrónico se escriben como en español, lo único que difiere es el nombre de sus componentes; por ejemplo arroba se llama *at* (æt), mientras que punto es *dot* (dot).

Asisto a ...	*I'm attending a ...*	aim ə·*ten*·diŋ æ ...
un congreso	*conference*	*kon*·fe·rens
un curso	*course*	kors
una reunión	*meeting*	*mii*·tiŋ
una feria de muestras	*trade fair*	treid fer
Estoy con ...	*I'm with ...*	aim uiz ...
mi empresa	*my company*	mai *kom*·pa·ni
mis colegas	*my colleagues*	mai ko·*liigs*
otros (dos)	*(two) others*	(tu) *o*·dərs

ser cortés

Mientras en castellano se usa Ud. y Uds. como formas de respeto para dirigirse a alguien mayor, desconocido o superior en rango, en inglés se utiliza siempre *you* (yu).

Tú	*you*
vosotros	*you*
Ud.	*you*
Uds.	*you*

Si se quiere mostrar este respeto en inglés o dar un matiz formal al discurso, se utilizarán auxiliares del tipo *could* (kud), *would* (uud).

¿Le gustaría sentarse?
Would you like to take a sit?	uud yu laik tu teik æ sit

¿Dónde está/es ...? *Where's the ...?* uers ðə ...
el centro
   financiero *business centre* *bis*·nis *sen*·tər
el congreso *conference* kon·fe·rens

¿Dónde es la reunión?
  Where's the meeting? uers ðə *mii*·tiŋ

Estoy solo/a.
  I'm alone. aim ə·*loun*

Permítame que le presente a mi compañero/a.
  Let me introduce let mi in·tro·*dius*
  my colleague. mai ko·*liig*

Me estoy alojando en ..., la habitación ...
  I'm staying at ..., room ... aim ste·yiŋ æt ... ruum ...

Me quedaré aquí durante... días/semanas.
  I'm here for ... days/weeks. aim ħiər for ... deis/uiiks

Aquí tiene mi tarjeta de visita.
  Here's my business card. ħiərs mai *bis*·nis kard

Tengo una cita con ...
  I have an ai ħæv æn
  appointment with ... ə·*point*·mənt uiz ...

Fue muy bien.
  That went very well. ðat uent *ve*·ri uel

¿Vamos a tomar/comer algo?
  Shall we go for a shal ui gou for æ
  drink/meal? drink/miil

Invito yo.
  It's on me. its on mi

en el banco

bank

¿Dónde puedo ...?	Where can I ...?	uer kæn ai ...
Me gustaría ...	I'd like to ...	aid laik tu ...
cambiar un cheque	cash a cheque	kæsh æ chek
cambiar dinero	change money	cheinch mo·ni
cobrar un cheque	change a	cheinch æ
de viaje	travellers cheque	tra·və·lers chek
obtener un	get a cash	get æ kæsh
adelanto	advance	əd·vans
sacar dinero	withdraw money	uiz·drou mo·ni

¿A qué hora abre el banco?
What time does   uot taim das
the bank open?   ðə bænk ou·pən

¿Puedo hacer una transferencia?
Can I arrange a transfer?   kæn ai ə·rreinch æ trans·fər

¿Dónde está la oficina de cambio más cercana?
Where's the nearest foreign   uers ðə nii·rest
exchange office?   fo·rein eks·cheinch o·fis

El cajero automático se ha tragado mi tarjeta.
The ATM took my card.   ði ai ti em tuuk mai kard

Me he olvidado del PIN.
I've forgotten my PIN.   aiv for·go·ten mai pin

¿Cuánto hay que pagar por eso?
What's the charge for that?   uots ðə charch for ðat

¿Me lo puede dar en billetes más pequeños?
Can I have smaller notes?   kæn ai hæv smo·lər nouts

¿Ya ha llegado mi dinero?
Has my money arrived yet?   has mai mo·ni ə·rraivt yet

¿Cuánto tiempo tardará en llegar?

How long will it take to arrive?
hau loŋ uil it teik tu ə·rraiv

¿Cuál es el tipo de cambio?

What's the exchange rate?
uots đi eks·cheinch reit

---

se podrá oír ...

đers æ *pro*·blem uiz yor ə·*kaunt*
There's a problem with your account.
Hay un problema con su cuenta.

yu ħæv nou fands left
You have no funds left.
No tiene fondos.

ui kant du đat
We can't do that.
No podemos hacer eso.

pliis saiŋ ħiər
Please sign here.
Por favor, firme aquí.

kud yu rait it daun
Could you write it down?
¿Puede escribirlo?

kæn ai sii sam ai di/yor *pas*·port pliis
Can I see some ID/ your passport, please?
¿Puedo ver su identificación/ pasaporte, por favor?

yur ou·vər·*droun*
You're overdrawn.
Tiene un descubierto.

in ... (foor) *uor*·kiŋ deis uan uiik	In ... (four) working days one week	En ... (cuatro) días laborables una semana

Quisiera ...	*I'd like a/an ...*	aid laik æ/æn...
una audioguía	*audio set*	o·diou set
un catálogo	*catalogue*	*kæ·tə·log*
una guía turística	*guidebook*	*gaid·buuk*
en español	*in Spanish*	in *spa·nish*
un mapa		
(de la zona)	*(local) map*	(lou·kəl) mæp

¿Tiene		
información	*Do you have*	du yu hæv
sobre los lugares	*information*	in·for·*mei·shən*
de interés ...?	*on ... sights?*	on ... saits
cultural	*cultural*	*kal·chə·rəl*
local	*local*	*lou·kəl*
religioso	*religious*	ri·*li·yəs*
único	*unique*	iu·*nik*

¿Podemos contratar un guía?
Can we hire kæn ui hair
a guide? æ gaid

Me gustaría ver ...
I'd like to see ... aid laik tu sii ...

¿Qué es eso?
What's that? uots đat

¿Quién lo hizo?
Who made it? hu meid it

¿De qué época es?
How old is it? hau old is it

¿Me puede hacer una foto?
Could you take a
photograph of me?
kud yu teik æ
fou·tou·græf of mi

¿(Le/Te) Puedo hacer fotos?
Can I take photographs
(of you)?
kæn ai teik fou·tou·græfs
(of yu)

Le/Te mandaré la foto.
I'll send you
the photograph.
ail send yu
ðə fou·tou·græf

accesos

¿A qué hora abren/cierran?
What time does it open/close? uot taim das it ou·pən/klous

¿Cuánto cuesta la entrada?
What's the admission charge? uots ði ad·mi·shən charch

Cuesta ... *It costs ...* it kosts ...

¿Hay descuentos para ...?	*Is there a discount for ...?*	is ðer æ dis·kaunt for ...
niños	children	chil·dren
familias	families	fæ·mi·lis
grupos	groups	grups
jubilados	pensioners	pen·shə·nərs
estudiantes	students	stiu·dents

señales		
Open	ou·pən	abierto
Closed	kloust	cerrado

circuitos

¿Puede recomendar algún/alguna ...?
Can you   kæn yu
recommend a ...?   re·kə·mend æ ...

¿Cuándo es el/la	*When's the*	uens ðə
próximo/a ...?	*next ...?*	nekst ...
paseo en barca	*boat-trip*	bout·trip
excursión		
de un día	*daytrip*	dei·trip
excursión	*excursion*	iks·ker·shən
circuito	*tour*	tur

¿Necesito llevar ...?
Do I need to take ...   du ai niid tu teik
with me?   uiz mi ...

¿Incluye ...?	*Is ... included?*	... in·klu·did
el equipo	*equipment*	i·kuip·mənt
la comida	*food*	fuud
el transporte	*transport*	trans·port

El guía va a pagar.
The guide will pay.   ðə gaid uil pei

El guía ha pagado.
The guide   ðə gaid
has paid.   has peid

¿Cuánto dura el recorrido?
How long   hau loŋ
is the tour?   is ðə tur

turismo

¿A qué hora tengo que volver?
What time should uot taim shud
I be back? ai bi bæk

Vuelva a las ...
Be back here at ... bi bæk ḥiər æt ...

Voy con ellos.
I'm with them. aim uiz đem

He perdido a mi grupo.
I've lost my group. aiv lost mai grup

el transporte público

Inglaterra ha sido uno de los primeros países en tener una red de transporte público completa (su metro data de 1863 y es el más antiguo del mundo). Hoy en día, los medios de transporte se han quedado un poco anticuados y resultan bastante caros. No obstante, se puede acceder a casi todos los lugares de interés en tren, metro o autobús. El metro, familiarmente llamado *tube* (tiub), es el sistema más rápido. De todos modos, no hay que dejar de subir a algún *double-decker* (da·bəl de·kər), uno de esos típicos autobuses de dos pisos que han llegado a convertirse en un símbolo británico.

Soy discapacitado/a.
I'm disabled.   aim dis·*ei*·bəl

¿Qué servicios tienen para discapacitados/as?
What services do you have   uot *ser*·vi·sis du yu ḥæv
for disabled people?   for dis·*ei*·bəl *pii*·pol

¿Hay acceso para sillas de ruedas?
Is there wheelchair   is đer *uiil*·cher
access?   ək·*ses*

Hable más alto, por favor.
Speak more loudly,   spiik mor *laud*·li
please.   pliis

Soy sordo/a.
I'm deaf.   aim def

¿Se permite la entrada a los perros lazarillos?
Are guide dogs   ar gaid dogs
permitted?   per·*mi*·tid

¿Me puede ayudar a cruzar la calle?
Could you help me   kud yu ḥelp mi
cross this street?   kros đis striit

Necesito ayuda.
I need assistance.   ai niid ə·*sis*·tans

persona con	*disabled*	dis·*ei*·bəl
discapacidad	*person*	*per*·sən
perro lazarillo	*guide dog*	gaid dog
silla de ruedas	*wheelchair*	*uiil*·cher
rampa	*ramp*	ramp
espacio	*space*	speis

señales

wheelchair	*uiil*·cher	acceso para
entrance	*en*·trəns	sillas de ruedas
elevator/lift	*el*·i·vei·tər/lift	ascensor
disabled	dis·*ei*·bəl	servicios para
toilets	*toi*·ləts	minusválidos

¿Hay ...?	Is there a/an ...?	is đer æ/æn ...
una sala para cambiar el pañal al bebé	baby change room	*bei*·bi cheinch ruum
canguro (de habla hispana)	(Spanish-speaking) babysitter	(*spa*·nish· *spii*·kiŋ) bei·bi·*si*·tər
menú infantil	children's menu	*chil*·drens me·niu
descuento familiar	family discount	*fæ*·mi·li *dis*·kaunt
trona	highchair	*ḥai*·cher

¿Le molesta que dé el pecho aquí?
Do you mind if I breastfeed here?   du yu maind if ai *brest*·fiid ḥiər

¿Se admiten niños?
Are children allowed?   ar *chil*·dren ə·*laud*

¿Es apto para niños de ... años?
Is this suitable for ... year old children?   is đis *su*·te·bəl for ... yiər old *chil*·dren

Necesito un ...	I need a ...	ai niid ...
asiento de seguridad para bebés	baby seat	*bei*·bi siit

asiento de seguridad para niños	*booster seat*	*bus·tər siit*
orinal infantil	*potty*	*po·ti*
cochecito	*stroller*	*strou·lər*
guardería	*kindergarten*	*kin·dər·gar·tən*
parque infantil	*playground*	*plei·graund*
tobogán	*slide*	slaid
columpios	*swings*	suiŋs
parque de atracciones	*theme park*	*zim park*
juguetería	*toyshop*	*toi·shop*

¡Jesús!

En inglés, para responder de una manera educada a alguien que acaba de estornudar, se dice *Bless you!* (bles yu), que significa literalmente 'bendiciones'.

lo básico

basics

Sí.	*Yes.*	yes
No.	*No.*	nou
Por favor.	*Please.*	pliis
(Muchas) Gracias.	*Thank you (very much).*	zank yu (ve·ri mach)
De nada.	*You're welcome.*	yu ar uel·kam
Perdón/ Discúlpeme.	*Excuse me.*	eks·kius mi
Lo siento.	*Sorry.*	so·rri

saludos

greetings

Los ingleses son muy formales en los saludos e intentan mostrarse respetuosos y educados. No es extraño que puedan reaccionar con una cierta sorpresa ante un saludo muy efusivo.

Hola.	*Hello.*	he·lou
Buenos días.	*Good morning.*	guud mor·nin
Buenas tardes.	*Good afternoon.*	guud af·tər·nuun
Buenas noches.	*Good evening.*	guud iv·nin
Hasta luego.	*See you later.*	sii yu lei·tər
Adiós.	*Goodbye/Bye.*	guud·bai/bai
¿Qué tal?	*How are you?*	hau ar yu
Bien, gracias.	*Fine, thanks.*	fain zanks

¿Cómo te llamas?
What's your name? uots yor neim

¿Cómo se llama (usted)?
What's your name? uots yor neim

Me llamo ...
My name is ... mai neim is ...

Me gustaría presentarle a ...
I'd like to introduce you to ... aid laik tu in·tro·dius yu tu ...

Mucho gusto.
I'm pleased to meet you. aim pliist tu miit yu

dirigirse a las personas

titles & addressing people

Mister y *Madam* se utilizan de modo cotidiano para referirse a adultos. *Miss* se emplea para dirigirse a mujeres jóvenes o solteras y es menos formal que *Madam*. *Sir* tiene un uso extremadamente formal y puede ser además un título nobiliario otorgado por la reina.

Señor	Mister/Mr	mis·tər
Don	Sir	sir
Señorita	Miss	mis
Señora	Ms/Mrs	mi·sis
Doña	Madam	mæ·dəm

argot o slang

Todas las lenguas desarrollan un estilo para conversaciones diarias entre amigos, un uso coloquial, informal, espontáneo, relajado y colorista que puede alcanzar popularidad y extenderse a escala regional, nacional o mundial o que puede fracasar y desaparecer. Esto es el argot, llamado slang (slaŋ) en inglés. La manera de referirse a un amigo en *slang* será *pal*, *mate*, *marra*, *charver*.

entablar conversación

No resulta oportuno empezar una conversación suponiendo que la persona con la que hablamos es inglesa, pues puede ser escocesa, galesa o irlandesa, y éstos no se sienten nada halagados si se los toma por ingleses. Una buena manera de empezar una conversación es preguntar a alguien de dónde es.

¿Vives aquí?
Do you live here?   du yu liv ḥiər

¿Adónde vas?
Where are you going?   uer ar yu go·iŋ

¿Qué haces?
What are you doing?   uot ar yu *du*·iŋ

¿Estás esperando (un autobús)?
Are you waiting   ar yu *uei*·tiŋ
(for a city bus)?   (for æ *si*·ti bas)

¿Tienes fuego, por favor?
Can I have a light,   kæn ai ḥæv æ lait
please?   pliis

¿Te gusta?
Do you like this?   du yu laik ðis

Me encanta.
I love this.   ai lov ðis

Estoy aquí...	*I'm here ...*	aim ḥiər ...
de vacaciones	*for a holiday*	for æ *ho*·li·dei
en viaje		
de negocios	*on business*	on *bis*·nis
estudiando	*to study*	tu *sta*·di
con mi	*with my*	uiz mai
familia	*family*	*fæ*·mi·li
con mi	*with my*	uiz mai
pareja	*partner*	*part*·nər

se podrá oír ...

ar yu ḥiər on ḥo·li·dei
*Are you here
on holiday?*

¿Está aquí de
vacaciones?

¿Cómo se llama esto?
What's this called? uots đis kold

¿Qué piensas (de ...)?
*What do you
think (about ...)?* uot du yu
zink (ə·baut ...)

¡Qué niño/a más precioso/a!
What a gorgeous baby! uot æ gor·yeus bei·bi

¿Puedo hacer una foto?
Can I take a photo? kæn ai teik æ fou·tou

Es (precioso), ¿no?
That's (beautiful), isn't it? đats (biu·ti·fol), isen·tit

¿Cuánto tiempo se va a quedar?
How long are you here for? ḥau loŋ ar yu ḥiər for

Me quedaré aquí durante ... semanas/días.
*I'm here for ...
weeks/days.* aim ḥiər for ...
uiiks/deis

Éste/Ésta es mi ... *This is my ...* đis is mai ...
  hijo/a *child* chaild
  **compañero/a
  de trabajo** *colleague* ko·liig
  amigo/a *friend* frend
  marido *husband* ḥas·bənd
  pareja *partner* part·nər
  esposa *wife* uaif

de uso cotidiano

¡Cojonudo!	Great!	greit
¡Qué guay!	How cool!	hau kuul
¡Qué interesante!	How interesting!	hau in·tres·tiŋ
¿De veras?	Really?	rii·li
¡Estupendo!	That's fantastic!	đats fæn·tæs·tik
¿Qué hay?	What's up?	uots ap
¡No me digas!	You don't say!	yu dont sei

nacionalidades

nationalities

¿De dónde eres?
Where are you from?   uer ar yu from

Soy de ...	*I'm from ...*	aim from ...
España	Spain	spein
México	Mexico	mek·si·kou
Argentina	Argentina	ar·yen·ti·na

Para ver más nombres de países, véase **diccionario**.

edades

age

¿Cuántos años ...?	*How old ...?*	hau old ...
tienes	*are you*	ar yu
tiene tu hijo/a	*is your son/ daughter*	is yor son/ doo·tər

Tengo ... años.
I'm ... years old.   aim ... yiərs old

Tiene ... años
He's/She's ... years old.   his/shis ... yiərs old

Soy más joven de lo que parezco.
I'm younger than I look.   aim yaun·gər đan ai luuk

¡Demasiado viejo!
Too old!   tuu old

Para saber cómo decir la edad, véase **números**, en la p. 39.

trabajos y estudios

¿A qué te dedicas?
What do you do?   uot du yu du

¿Qué estudias?
What are you studying?   uot ar yu sta·diiŋ

Soy trabajador/a autónomo/a.
I'm self-employed.   aim self·im·ploid

Soy ...	*I'm a/an ...*	aim æ/æn ...
arquitecto/a	*architect*	ar·ki·tekt
mecánico/a	*mechanic*	mi·kæ·nik
escritor/a	*writer*	rai·tər

Trabajo en ...	*I work in ...*	ai uork in ...
la enseñanza	*education*	e·diu·kei·shən
la hostelería	*hotel &*	ho·tel ænd
	catering business	kei·tə·riŋ bis·nis

Estoy ...	*I'm ...*	aim ...
jubilado/a	*retired*	ri·tairt
en el paro	*unemployed*	a·nim·ploid

Estudio ...	*I'm studying ...*	aim sta·diiŋ ...
comercio	*business*	bis·nis
idiomas	*languages*	læn·gui·chis
ciencias	*science*	saiens

RELACIONARSE

Estudio en ...	I'm studying at ...	aim sta·diiŋ æt ...
un instituto	college	ko·lich
un colegio	school	skuul
un instituto de formación profesional	trade school	treid skuul
la universidad	university	iu·ni·ver·si·ti

Para saber más sobre trabajo y estudios, véase **diccionario**.

familia

¿Tienes ...?	Do you have a ...?	du yu ḥæv æ ...
(No) Tengo ...	I (don't) have a ...	ai (dont) ḥæv æ ...
un hermano	brother	bro·đər
una familia	family	fæ·mi·li
una pareja	partner	part·nər

¿Vives con tu ...?
Do you live with your ...?   du yu liv uiz yor ...

Vivo con mi ...
I live with my ...   ai liv uiz mai ...

Éste/Ésta es mi ...
This is my ...   đis is mai ...

¿Estás casado/a?
Are you married?   ar yu ma·rrid

Estoy ...	I'm ...	aim ...
casado/a	married	ma·rrid
separado/a	separated	se·pə·rei·tid
soltero/a	single	sin·gəl

Vivo con alguien.
I live with someone.   i liv uiz sam·uan

children

¿Cuándo es tu cumpleaños?
When's your birthday?   uens yor *berz*·dei

¿Vas al colegio o a la guardería?
Do you go to school   du yu gou tu skuul
or kindergarten?   or kin·dər·*gar*·ten

¿En qué curso estás?
What grade   uot greid
are you in?   ar yu in

¿Te gusta ...?   *Do you like ...?*   du yu laik ...
el colegio   *school*   skuul
el deporte   *sport*   sport
tu profesor/a   *your teacher*   yor *tii*·chər

¿Qué haces después del colegio?
What do you do   uot du yu du
after school?   *af*·tər skuul

¿Estudias español?
Do you learn   du yu lern
Spanish?   *spa*·nish

Vengo de muy lejos.
I come from very   ai kam from
far away.   far ə·uei

¿Estás perdido/a?
Are you lost?   ar yu lost

Dime cómo se juega
Show me how to play   shou mi ḥau tu plei

¡Muy bien!
Well done!   uel don

despedidas

Mañana es mi último día aquí.
Tomorrow is my
last day here.
tu·*mo*·rrou is mai
last dei ḥiər

Me ha encantado conocerte.
It's been great meeting you.
its biin greit mii·tiŋ yu

¡Nos mantendremos en contacto!
Keep in touch!
kiip in tach

Te enviaré copias de las fotos.
I'll send you copies
of the photos.
ail send yu ko·pis
of ðə fou·tous

Si algún día vienes	*If you ever visit*	if yu e·vər vi·sit
a (España) ...	*(Spain) you can ...*	(spein) yu kæn ...
puedes venir		
a visitarme	*come and visit*	kom ænd vi·sit
te puedes quedar		
en mi casa	*stay with me*	stei uiz mi

Ésta es mi ...	*Here's my ...*	ḥiərs mai ...
¿Cuál es tu ...?	*What's your ...?*	uots yor...
dirección	*address*	ə·dres
dirección		
electrónica	*email address*	i·meil ə·dres
número de fax	*fax number*	fæks *nam*·bər
número de móvil	*mobile number*	mo·bail *nam*·bər
número		
de teléfono		
del trabajo	*work number*	uork *nam*·bər

Para más información sobre **direcciones,** véase p. 71.

He aquí algunas frases y expresiones de utilidad para escribir una carta a amigos de habla inglesa:

Querido/a ...
Dear ...

Siento haber tardado tanto en escribir.
I'm sorry it's taken me so long to write.

Me encantó conocerte.
It was great to meet you.

Muchísimas gracias por tu hospitalidad.
Thank you so much for your hospitality.

Te echo mucho de menos.
I miss you a lot.

Me lo pasé genial en ...
I had a fantastic time in ...

Mi lugar preferido fue ...
My favourite place was ...

Espero visitarte otra vez ...
I hope to visit ... again.

Saluda a ... (y a ...) de mi parte.
Say 'hi' to ... (and ...) for me.

Tengo ganas de verte otra vez.
I'd love to see you again.

¡Escríbeme pronto!
Write soon!

Un beso,
With love,

Saludos,
Regards,

intereses comunes

common interests

¿Qué te gusta hacer en tu tiempo libre?
What do you do   uot du yu du
in your spare time?   in yor sper taim

¿Te gusta (viajar)?
Do you like   du yu laik
(travelling)?   tra·və·liŋ

(No) Me gusta ...	*I (don't) like ...*	(dont) laik ...
cocinar	*cookin*	kuu·kiŋ
ir a bailar	*dancing*	dan·siŋ
el cine	*films*	films
la jardinería	*gardening*	gar·də·niŋ
el excursionismo	*hiking*	ḥai·kiŋ
la música	*music*	miu·sik
la pintura	*painting*	pein·tiŋ
la fotografía	*photography*	fə·to·gra·fi
ir de bares	*pub crawls*	pab krouls
leer	*reading*	rii·diŋ
ir de compras	*shopping*	sho·piŋ
salir con gente	*socialising*	sou·sha·lai·siŋ
el deporte	*sport*	sport

Para más información sobre **deportes,** véase p. 133.

música

¿Te gusta ...?	*Do you like to ...?*	du yu laik tu ...
ir a conciertos	*go to concerts*	gou tu *kon*·serts
escuchar	*listen*	*li*·sen
música	*to music*	tu *miu*·sik
tocar algún	*play an*	plei æn
instrumento	*instrument*	*ins*·tru·ment
cantar	*sing*	siŋ

¿Qué ... te gusta/n?	*What ... do you like?*	uot ... du yu laik
música	*music*	*miu*·sik
grupos	*bands*	bænds

música clásica	*classical music*	*klæ*·si·kəl *miu*·sik
música	*electronic*	e·lek·*tro*·nik
electrónica	*music*	*miu*·sik
jazz	*jazz*	yas
heavy metal	*metal*	*me*·təl
música pop	*pop*	pop
música punk	*punk*	pank
música rock	*rock*	rok
rhythm and blues	*R&B*	ar ænd bi
música popular	*traditional music*	tra·*di*·shə·nəl *miu*·sik
músicas		
del mundo	*world music*	uorld *miu*·sik

arte

¿A qué hora abre la galería?
When's the   uen is ðə
gallery open?   ga·*la*·ri *ou*·pən

¿Qué hay en la colección?
What's in the   uots in ðə
collection   ko·*lek*·shən

¿Qué tipo de arte te interesa?
What kind of art are   uot kaind of art ar
you interested in?   yu *in*·tres·tid in

Me interesa/n ...
I'm interested in ...   aim in·tres·tid in

¿Qué piensas de ...?
What do you think of ...?   uot du yu zink of ...

Es una exposición de ...
It's a/an ... exhibition.   its æ/æn ... ek·si·*bi*·shən

Me gustan las obras de ...
I like the works of ...   ai laik ðə uorks of ...

Me recuerda a ...   *It reminds me of ...*   it ri·*mainds* mi of ...

arte ...	*... art*	... art
gráfico	*graphic*	*græ*·fik
impresionista	*impressionist*	im·*pre*·shə·nist
modernista	*modernist*	*mo*·der·nist
renacentista	*Renaissance*	re·*ne*·sans

cine y teatro

cinema & theatre

Tengo ganas de ir a ver (una comedia).
I feel like going to (a comedy).
ai fiil laik goiŋ
tu (æ ko·me·di)

¿Qué película ponen en el cine (esta noche)?
What's showing at the cinema (tonight)?
uots shou·iŋ æt
ðə si·nə·ma (tu·nait)

¿Es en español?
Is it in Spanish?
is it in spa·nish

¿Tiene subtítulos (en español)?
Does it have (Spanish) subtitles?
das it hæv
(spa·nish) sab·tai·təls

Quiero vender esta entrada.
I want to sell this ticket.
ai uont tu sel ðis ti·ket

¿Están ocupados estos asientos?
Are those seats taken?
ar ðous siits tei·ken

¿Has visto ...?
Have you seen ...?
hæv yu siin ...

¿Quién actúa?
Who's in it?
hu is in it

Actúa ...
It stars ...
it stars ...

¿Te gustó ...?	*Did you like the ...?*	did yu laik ðə ...
el ballet	*ballet*	bæ·lei
la película	*film*	film
la obra de teatro	*play*	plei

(No) me gusta/n ...
I (don't) like ...   ai (dont) laik ...

Creo que ha	*I thought*	ai zot
sido/estado ...	*it was ...*	it uos ...
excelente	*excellent*	ek·se·lent
largo	*long*	loŋ
bien	*OK*	ou·kei

películas de		
dibujos	*animated*	ə·ni·mei·tid
animados	*films*	films
comedia	*comedy*	ko·me·di
documental	*documentary*	do·kiu·men·tə·ri
drama	*drama*	dra·mə
cine negro	*film noir*	film nuar
cine (español)	*(Spanish) cinema*	(spa·nish) si·nə·ma
cine de terror	*horror movies*	ḥo·rror mu·vis
cine de		
ciencia ficción	*sci-fi*	sai·fai
cortos	*short films*	short films
cine de suspense	*thrillers*	zri·lərs

lectura

reading

¿Qué tipo de libros lees?
What kind of books   uot kaind of buuks
do you read?   du yu riid

¿Qué autor (inglés) recomiendas?
Which (English) author   uich (in·glish) o·zər
do you recommend?   du yu re·kə·mend

¿Ha leído ...?
Have you read ...?   ḥæv yu red

intereses

113

Durante este viaje estoy leyendo ...
On this trip I'm reading ... on ðis trip aim *rii*·diŋ ...

Recomendaría ...
I'd recommend ... aid re·kə·mend ...

¿Dónde puedo cambiar libros?
Where can I exchange books? uer kæn ai eks·*cheinch* buuks

Para más información sobre libros y lecturas, véase **de compras**, en p. 73.

¡ojo al gesto!

El lenguaje corporal varía de unos países a otros y puede ocurrir que un gesto totalmente inofensivo en un lugar resulte muy poco apropiado en otro. Esto es lo que sucede con la señal que se forma al extender los dedos índice y corazón con la palma de la mano hacia dentro. Este gesto tiene una historia que se remonta a muchos años atrás. Se dice que cuando los normandos invadieron Inglaterra, los ingleses eran famosos por su habilidad como arqueros, de modo que cuando los franceses capturaban algún prisionero le cortaban esos dos dedos para que no pudiera volver a disparar una flecha nunca más. En las batallas, cuando los ingleses veían cómo se acercaba el ejército normando, le mostraban estos dos dedos como símbolo de desafío y ofensa, y así ha perdurado hasta el día de hoy.

sentimientos

feelings

(No) Estoy ...	I'm (not) ...	aim (not) ...
¿Estás ...?	Are you ...?	ar yu ...
fastidiado/a	annoyed	ə·noid
avergonzado/a	embarrassed	im·bæ·rrəst
contento/a	happy	hapi
cansado/a	tired	taiəd
bien	well	uel
triste	sad	sæd

(No) Tengo ...	I'm (not) ...	aim (not) ...
¿Tienes ...?	Are you ...?	ar yu ...
frío	cold	kould
calor	hot	hot
hambre	hungry	hæn·gri
prisa	in a hurry	in æ ha·rri
sed	thirsty	zers·ti

Para sentimientos asociados a enfermedades, véase **salud,** en p. 181.

opiniones

opinions

¿Te gustó?
Did you like it?   did yu laik it

¿Qué piensas?
What do you think of it?   uot du yu zink of it

Pienso que fue ...	I think it was ...	ai zink it uos ...
Es ...	It's ...	its ...
bonito/a	beautiful	biu·ti·fəl
raro/a	bizarre	bi·sar
un coñazo/a	crap	kræp
entretenido/a	entertaining	en·ter·tei·niŋ
fantástico/a	excellent	eks·se·lent
muy fuerte	full on	ful on
horrible	horrible	ho·rri·bəl
una locura	crazy	krei·si
interesante	interesting	in·tres·tiŋ
terrible	awful	o·fəl

poco a poco

un poco	a little	æ li·təl
Estoy un	I'm a	aim æ
poco triste.	little sad.	li·təl sæd
bastante	quite	kuait
Estoy bastante	I'm quite	aim kuait
decepcionado/a.	disappointed.	di·sa·poin·tid
muy	very	ve·ri
Me siento muy	I feel very	ai fiil ve·ri
afortunado/a.	lucky.	la·ki

política y temas sociales

politics & social issues

¿A quién votas?
Who do you vote for? hu du yu vout for

Apoyo	I support	ai sə·port
al partido ...	the ... party.	ðə ... par·ti
comunista	communist	ka·miu·nist
conservador	conservative	kən·ser·və·tiv
de los verdes	green	griin
socialista	socialist	sou·shə·list

¿Has oído que ...?
Did you hear about ...? did yu hiar ə·baut ...

¿Estás a favor de ...?
Are you in favour of ...? ar yu in fei·vər of ...

¿Estás de acuerdo con ...?
Do you agree with ...? du yu ə·grii uiz ...

como un pulpo en el garaje

Cuando se balbucea otra lengua, a veces es difícil mantener la atención del interlocutor. Se puede intentar dar un poco de color al discurso con estas frases:

Es un trozo de pan.
He's/She's the best. his/shis də best

(lit.: es el/la mejor)

Aunque el mono se vista de seda, mono se queda.
You can't make a silk yu kant meik æ silk
purse out of a sow's ear. pars aut of æ sous iar

(lit.: no se puede hacer un bolso de seda de una oreja de cerdo)

Se encuentra como un pulpo en un garaje.
He's/She's a fish hi/shis æ fish
out of water. aut of uo·tər

(lit.: está como pez fuera del agua)

¿Qué piensa la gente ...?	How do people feel about ...?	hau du pii·pol fiil ə·baut ...
de las drogas	drugs	drags
de la economía	the economy	di i·ko·nə·mi
de la inmigración	immigration	i·mi·grei·shan
del racismo	racism	rei·si·sam
del desempleo	unemployment	an·im·ploi·mant
del aborto	abortion	ə·bor·shan
de la globalización	globalization	glou·ba·li·sei·shan
del terrorismo	terrorism	te·rro·ri·sam

medio ambiente

¿Hay aquí algún problema medioambiental?

Is there an environmental problem here? — is ðer æn en·vai·ro·men·təl pro·blem hiər

¿Qué se puede hacer con ...? — *What should be done about ...?* — uot shud bi don ə·baut ...

la deforestación	deforestation	di·fo·res·tei·shən
la contaminación	pollution	pə·lu·shən
la capa de ozono	ozone layer	ou·soun leiər
los vertidos de petróleo	oil spill	oil spil
la caza	hunting	ħan·tiŋ

¿Está protegido este/esta ...? — *Is this a protected ...?* — is ðis æ pro·tek·tid ...

bosque	forest	fo·rist
parque	park	park
especie	species	spi·sis

quizá, quizá, quizá

Quizá.	Maybe.	mei·bi
Vale.	OK.	ou·kei
¡De ningún modo!	No way!	nou uei
Está/ Estoy bien.	It's/ I'm OK.	its/ aim ou·kei
Un momento.	Just a minute.	yast æ mi·nit
Sin problema.	No problem.	nou pro·blem
¡Claro (que sí)!	Of course!	of kours
Claro.	Sure.	shur
¡Ya lo creo!	You bet!	yu bet
Era broma.	Just joking.	yast you·kiŋ

adónde ir

where to go

¿Qué se puede hacer aquí por la noche?
What's there to do in the evenings?
uots đer tu du in đi iv·niŋs

¿Qué hay ...? — *What's on ...?* — uots on ...
- **en esta zona** — *locally* — *lou·kə·li*
- **este fin de semana** — *this weekend* — đis uii·*kend*
- **hoy** — *today* — tu·*dei*
- **esta noche** — *tonight* — tu·*nait*

¿Dónde hay ...? — *Where are ...?* — uer ar ...
- **bares** — *bars* — bars
- **restaurantes** — *restaurants* — *res*·tə·rants
- **locales gays** — *gay venues* — gei *ve*·nius
- **sitios para comer** — *places to eat* — *plei*·sis tu iit
- **pubs** — *pubs* — pabs

¿Hay alguna guía ... de esta ciudad?
Is there a local ... guide?
is đer æ *lou*·kəl ... gaid
- **del ocio** — *entertainment* — en·tər·*tein*·ment
- **de cine** — *film* — film
- **de sitios gay** — *gay* — gei
- **de música** — *music* — *miu*·sik

¿Cuánto cuesta la entrada?
What's the entrance fee?
uots đi *en*·trans fii

Es gratis. — *It's free.* — its frii

en el cine

Las películas extranjeras en los países angloparlantes no se doblan nunca, siempre aparecen en versión original y con subtítulos en inglés. Es interesante porque se puede ir al cine y disfrutar viendo una película en el idioma propio.

Tengo ganas de ir ...	I feel like going to a/the ...	ai fiil laik goiŋ tu æ/ðə ...
al ballet	ballet	bæ·*lei*
a un bar	bar	bar
a un café	cafe	ka·*fe*
a un concierto	concert	*kon*·sert
a un bar-karaoke	karaoke bar	ka·rəo·ki bar
al cine	movies	*mu*·vis
a una discoteca	a nightclub	æ nait·klab
a una fiesta	party	*par*·ti
a un restaurante	restaurant	*res*·tə·rant
al teatro	theatre	*zi*·ə·tər

invitaciones

invitations

¿Qué haces esta noche?
What are you doing this evening?
uot ar yu duiŋ ðis *iv*·niŋ

¿Qué haces (ahora)?
What are you up to (right now)?
uot ar yu ap tu (rait nau)

¿Vamos a ...?	Would you like to go for a ...?	uud yu laik tu gou for æ ...
tomar un café	coffee	*ko*·fi
tomar una copa	drink	drink
comer	meal	miil
dar un paseo	walk	uok

RELACIONARSE

120

| **Me apetece ir a ...** | *I feel like going ...* | ai fiil laik goiŋ ... |
| bailar | *dancing* | dan·siŋ |

| **Me apetece salir.** | *I feel like going out somewhere* | ai fiil laik goiŋ aut sam·uer |

| **Ésta es mi ronda.** | *My round.* | mai raund |

¿Conoces algún restaurante bueno?
Do you know a good restaurant? — du yu nou æ guud res·tə·rant

¿Quieres venir conmigo al concierto (de ...)?
Do you want to come to the (...) concert with me? — du yu uont tu kam tu də (...) kon·sert uiz mi

Vamos a dar una fiesta.
We're having a party. — ui ar ḥa·viŋ æ par·ti

¿Quieres venir?
Do you want to come? — du yu uont tu kom

Deberías venir
You should come — yu shud kom

¿Estás listo/a?
Are you ready? — ar yu re·di

¿eres mi tipo?

He aquí unos adjetivos que pueden servir para describir personas:

hortera	*daggy/dorky*	da·gi/dor·ki
intelectual	*intellectual*	in·te·lek·tual
progre	*progressive*	pro·gre·siv
deportivo/a	*sporty*	spor·ti
moderno/a	*trendy/ stylish*	tren·di/ stai·lish
adicto/a al trabajo	*workaholic*	uork·kə·ḥo·lik
yuppie	*yupi*	ya·pi

responder a invitaciones

¡Por supuesto!
Sure!   shur

Me encantaría.
Yes, I'd love to.   yes aid lov tu

¿Adónde vamos?
Where will we go?   uer uil ui gou

Es muy amable por tu parte.
That's very kind of you.   đats *ve*·ri kaind of yu

Lo siento pero no puedo.
No, I'm afraid I can't.   no aim ə·*freid* ai kant

Lo siento, no sé bailar.
Sorry, I can't dance.   *so*·rri ai kant dans

¿Qué tal mañana?
What about tomorrow?   uot ə·*baut* tu·*mo*·rrou

organizar encuentros

¿A qué hora quedamos?
What time shall we meet?   uot taim shal ui miit

¿Dónde quedamos?
Where will we meet?   uer uil ui miit

Quedamos ...	*Let's meet ...*	lets miit ...
a (las ocho)	*at (eight) o'clock*	æt (eit) o·*klok*
en (la entrada)	*at the (entrance)*	æt đi (en·*trans*)

Paso a recogerte.
I'll pick you up. ail pik yu ap

Iré más tarde.
I'll be coming later. ail bi ko·miŋ lei·tər

¿Dónde estarás?
Where will you be? uer uil yu bi

Si no estoy allí a (las nueve), no me esperes/esperéis.
If I'm not there by (nine), if aim not ðer bai (nain)
don't wait for me. dont ueit for mi

¡Hecho!
OK! ou·kei

Nos vemos.
I'll see you then. ail si yu ðen

Hasta luego/mañana.
See you later/ si yu lei·tər/
tomorrow. tu·mo·rrou

Tengo muchas ganas de ir.
I'm looking aim luu·kiŋ
forward to it for·uard tu it

Siento llegar tarde.
Sorry, I'm late. so·rri aim leit

No pasa nada.
Never mind. ne·vər maind

llamar la atención		
¡Eh, tú!	*Hey!*	ḥei
¡Mira!	*Look!*	luuk
¡Escucha!	*Listen (to this)!*	li·sen tu ðis

ocio

123

bares y discotecas

¿Dónde podemos ir a bailar (salsa)?
Where can we go   uer kæn ui gou
dancing?   *dan·*siŋ

¿Cómo se va allí?
How do I get there?   hau du ai get đer

¿Qué tipo de música te gusta?
What type of music   uot taip of *miu·*sik
do you like?   du yu laik

Me encanta (el reggae).
I really like (reggae).   ai *rii·*li laik *re·*ge

¡Vamos!
Come on!   *ka·*mon

¡Este lugar me encanta!
This place is great!   đis pleis is greit

drogas

No tomo drogas.
I don't take drugs.   ai dont teik drags

Tomo ... de vez en cuando.
I take ... occasionally.   ai teik ... o·*kei·*sha·na·li

¿Te apetece fumar un porro?
Do you want to have   du yu uont tu hæv
a smoke?   æ smouk

Estoy colocado/a.
I'm high.   aim hai

Para más información sobre bares, bebidas y fiestas, véase **comer fuera**, en p. 154.

salir con alguien

asking someone out

¿Quieres hacer algo (esta noche)?
*Would you like to do
something (tonight)?*
uud yu laik tu du
sam·ziŋ (tu·*nait*)

Sí, me encantaría.
Yes, I'd love to.
yes aid lov tu

No, me temo que no puedo.
No, I'm afraid I can't.
nou aim ə·*freid* ai kant

Estoy ocupado/a.
I'm busy.
aim *bi*·si

de uso cotidiano

Él/Ella está cachondo/a.
He's/She's hot.
ḥis/shis ḥot

¡Vaya tía buena!
What a babe!
uot æ beib

preliminares

pick-up lines

Te pareces a alguien que conozco.
*You look like someone
I know.*
yu luuk laik *sam*·uan
ai nou

¿Te apetece una copa?
*Would you like
a drink?*
uud yu laik æ drink

¿Tienes fuego?
Do you have a light?   du yu ḥæv æ lait

Eres estupendo/a.
You're great.   yur greit

No debes venir mucho por aquí porque me habría fijado en ti antes.
You mustn't come here much, because I would have noticed you sooner.   yu ma·sent kom ḥiər mach bi·kos ai uud ḥæv nou·tist yu suu·nər

¿Vamos a tomar el aire?
Shall we get some fresh air?   shal ui get sam fresh er

Bailas muy bien.
You are a fantastic dancer.   yu ar æ fæn·tæs·tik dan·sər

¿Puedo volver a verte?
Can I see you again?   kæn ai sii yu ə·gen

¿Tienes ...?   *Do you have a ...?*   du yu ḥæv æ ...
  novio   *boyfriend*   boi·frend
  novia   *girlfriend*   gerl·frend

¿Me acompañas a casa?
Will you take me home?   uil yu teik mi ḥom

¿Quieres entrar un rato?
Do you want to come inside for a while?   du yu uont tu kam in·said for æ uail

negativas

rejections

Estoy con mi novio/a.
I'm here with my boyfriend/girlfriend.   aim ḥiər uiz mai boi·frend/gerl·frend

RELACIONARSE

126

Lo siento, me tengo que ir.
Excuse me, I have
to go now.
eks·*kius* mi ai ḥæv
tu gou nau

Déjame en paz.
Leave me alone!
liiv mi ə·*loun*

Mira tío/a, no me interesa hablar contigo.
Hey, I'm not interested
in talking to you.
ḥei aim not in·*tres*·tid
in *to*·kiŋ tu yu

Oye rico/a, por qué no te vas a tomar por el culo.
Listen, why don't you go
and get fucked.
li·sen uai dont yu gou
ænd get fakt

acercamiento

getting closer

¿Te puedo dar un beso?
Can I kiss you?
kæn ai kis yu

¿Quieres entrar a tomar algo?
Do you want to come
inside for a drink?
du yu uont tu kam
in·*said* for æ drink

¿Quieres un masaje?
Do you want a massage?   du yu uont æ *ma*·sich

¡Vámonos a la cama!
Let's go to bed!   lets gou tu bed

sexo

¡Dame un beso!
Kiss me!   kis mi

Te deseo.
I want you.   ai uont yu

Quiero hacerte el amor.
I want to make love to you.   ai uont tu meik lov tu yu

¿Tienes un condón?
Do you have a condom?   du yu ḥæv æ *kon*·dom

No lo quiero hacer sin condón.
*I won't do it without
protection.*   ai uont du it ui-*zaut*
pro·*tek*·shən

Tócame aquí.
Touch me here.   tach mi ḥiər

¿Te gusta?
Do you like this?   du yu laik đis

Eso (no) me gusta.
I (don't) like that.   ai (dont) laik đat

Creo que deberíamos parar.
I think we should stop now.   ai zink ui shud stop nau

¡Para!
Stop!   stop

¡No pares!
Don't stop!   dont stop

128

Fóllame ...	Fuck me ...	fak mi
más rápido	faster	fas·tər
más fuerte	harder	har·dər
más despacio	slower	slo·uər
más suave	softer	sof·tər

¡Así!
Oh yeah! ou ye

Me corro.
I'm coming aim ka·miŋ

Lo siento, no se me levanta.
I can't get it up, sorry ai kant get it ap so·rri

No te preocupes, ya lo hago yo.
Don't worry, I'll do dont uo·rri ail du
it myself. it mai·self

palabras cariñosas

corazón	heart	hart
amorcito	sweet love	suit lov
mi vida	my life	mai laif
mi amor	my love	mai lov

Fue increíble.
That was amazing. đat uos ə·mei·siŋ

¿Tienes sueño?
Are you sleepy? ar yu slii·pi

¿Puedo quedarme?
Can I stay over? kæn ai stei ou·vər

Te quiero.
I love you. ai lov yu

Creo que estamos muy bien juntos.
I think we're ai zink uir
good together. guud tu·ge·đər

problemas

¿Estás saliendo con otra persona?
Are you seeing   ar yu si·iŋ
someone else?   sam·uan els

No quiero volver a verte.
I never want to see   ai ne·vər uont tu sii
you again.   yu ə·gen

Sólo es un amigo.
He's just a friend.   his yast æ frend

Sólo es una amiga.
She's just a friend.   shis yast æ frend

Me gustaría que quedáramos como amigos.
I want to stay friends.   ai uont tu stei frends

Lo resolveremos.
We'll work it out.   uil uork it aut

expresiones subidas de tono

¡No es verdad!	*That's not true!*	đats not tru
¡Ni en sueños!	*In your dreams!*	in yor driims
¡No me jodas!	*Come off it!*	kam of it
¡Hostia!	*Damn!*	dam
¡Joder!	*Fuck!*	fak
¡Mierda!	*Shit!*	shit

religión

religion

¿Cuál es tu religión?
What's your religion? uots yor re·*li*·yiən

¿Puedo rezar aquí?
Can I pray here? kæn ai prei ḥiər

(No) Soy ...	*I'm (not) ...*	aim (not) ...
agnóstico/a	*agnostic*	ag·*nos*·tik
budista	*Buddhist*	*bu*·dist
católico/a	*Catholic*	*kæ*·zə·lik
cristiano/a	*Christian*	*kris*·tiən
hindú	*Hindu*	*ḥin*·du
judío/a	*Jewish*	*yu*·ish
musulmán/ana	*Muslim*	*mus*·lim
practicante	*practising*	prak·*tai*·siŋ
religioso/a	*religious*	re·*li*·yiəs

(No) Creo en ...	*I (don't)*	ai (dont)
	believe in ...	bi·*liiv* in ...
Dios	*God*	gad
el destino	*destiny/fate*	*des*·ti·ni/feit

diferencias culturales

¿Esto es una costumbre local o nacional?
Is this a local or national custom?   is đis æ *lou*·kəl or *na*·shə·nəl *kas*·təm

No estoy acostumbrado/a a esto.
I'm not used to this.   aim not iust tu đis

Esto es (muy) ...	*This is (very) ...*	đis is (*ve*·ri) ...
divertido	*fun*	fan
interesante	*interesting*	*in*·tres·tiŋ
diferente	*different*	*di*·fə·rent

Lo siento, va en contra de mis creencias.
I'm sorry, it's against my beliefs.   aim *so*·rri its ə·*genst* mai bi·*liivs*

No me importa mirar, pero prefiero no participar.
I don't mind watching, but I'd rather not join in.   ai dont maind *uo*·chiŋ bat ai *ra*·đər not yoin in

Lo probaré.
I'll try it.   ail trai it

Lo siento, no pretendía hacer nada malo.
Sorry, I didn't mean to do something wrong.   *so*·rri ai *di*·dent miin tu du *sam*·ziŋ roŋ

intereses deportivos

sporting interests

¿Qué deporte practicas?
What sport do you play?
uot sport du yu plei

¿A qué deporte eres aficionado/a?
What sport do you follow?
uot sport du yu *fo*·lou

Practico ...
I play/do ...
ai plei/du ...

Soy
aficionado/a al ...   *I follow ...*   ai *fo*·lou ...
  baloncesto   *basketball*   *bas*·ket·bol
  ciclismo   *cycling*   *sai*·kliŋ
  fútbol   *football (soccer)*   *fut*·bol (*so*·kər)
  tenis   *tennis*   *te*·nis
  voleibol   *volleyball*   *vo*·lei·bol

¿Te gusta el deporte?
Do you like sport?
du yu laik sport

Sí, me encanta.
Yes, very much.
yes *ve*·ri mach

No mucho.
Not really.
not *rii*·li

Me gusta verlo.
I like watching it.
ai laik *uo*·chiŋ it

¿Quién es tu deportista favorito/a?
Who's your favourite sportsperson?
hus yor *fei*·və·rit sports·*per*·son

¿Cuál es tu equipo favorito?
What's your
favourite team?
uots yor
fei·və·rit tiim

ir a un partido

going to a game

¿Te apetece ir a un partido de (baloncesto)?
Would you like to go
to a (basketball) game?
uud yu laik tu gou
tu æ (*bas*·ket·bol) geim

¿De qué equipo eres?
Who are you supporting?
ḥu ar yu sə·*por*·tiŋ

¿Cuánto queda de partido?
How much time is left?
ḥau mach taim is left

¿Quién ...?	*Who's ...?*	ḥus ...
juega	*playing*	*ple*·iŋ
va ganando	*winning*	*ui*·niŋ

¡El partido	*That was a ...*	ðat uos æ ...
ha sido ...!	*game!*	geim
aburrido	*boring*	*bo*·riŋ
fantástico	*great*	greit

vocabulario deportivo

¿Cómo van?	*What's the score?*	uots ðə skor
empatados	*Draw/even*	drou/*i*·ven
¡Qué ...!	*What a ...!*	uot æ
gol	*goal*	goul
patada	*kick*	kik
pase	*pass*	pæs
punto de	*match-*	*mach*
partido	*point*	point
cero	*nil (zero)*	nil (*si*·rou)

practicar deporte

¿Quieres jugar?
Do you want to play?   du yu uont tu plei

¿Puedo jugar?
Can I join in?   kæn ai yoin in

Sí, me encantaría.
Yeah, that'd be great.   ye đatd bi greit

Ahora mismo no, gracias.
Not at the moment,   not æt đə *mou*·ment
thanks.   zanks

Tengo una lesión.
I have an injury.   ai ħæv æn in·yə·ri

¿Cuál es el mejor sitio para hacer footing por aquí cerca?
Where's the best place   uers đə best pleis
to run around here?   tu ran ə·*round* ħiər

¿Hay que ser socio/a para entrar?
Do I have to be a   du ai ħæv tu bi æ
member to attend?   *mem*·bər tu ə·tend

¿Dónde están los vestuarios?
Where are the   uer ar đə
change rooms?   cheinch ruum

¿Puedo usar una taquilla?
Can I have a locker?   kæn ai ħæv æ *lo*·kər

¿Dónde está ...	Where's the	uer is ðə
más cercano/a?	nearest ...?	nii·rest ...
el gimnasio	gym	yim
la piscina	swimming pool	sui·miŋ puul
la pista de tenis	tennis court	te·nis kort
¿Cuánto cobran	What's the	uots ðə
por ...?	charge per ...?	charch per ...
día	day	dei
partida	game	geim
hora	hour	auər
visita	visit	vi·sit
¿Puedo alquilar		
una ...?	Can I hire a ...?	kæn ai ḥair æ ...
pelota	ball	bol
bicicleta	bicycle	bai·si·kəl
cancha	court	kort
raqueta	racquet	ræ·kit

confrontar opiniones

¡No estoy		
de acuerdo!	I disagree!	ai di·sa·gri
¡Sí, claro!	Yeah, sure!	ye shur
Sí, pero ...	Yes, but ...	yes bat ...
Lo que tú digas.	Whatever.	uot·e·vər

submarinismo

diving

Me gustaría ...	I'd like to (go) ...	aid laik tu (gou) ...
explorar		
naufragios	explore wrecks	eks·plour reks
aprender a bucear	learn to dive	lern tu daiv
hacer	scuba	ku·bə
submarinismo	diving	dai·viŋ
bucear con tubo	snorkelling	snor·kliŋ

¿Dónde hay buenos lugares para bucear?
Where are some   uer ar sam
good diving sites?   guud *dai*·viŋ saits

¿Hay medusas?
Are there jellyfish?   ar ðer *ye*·li·fish

¿Dónde puedo	*Where can*	uer kæn
alquilar ...?	*I hire ...?*	ai ḥair ...
un equipo	*diving*	dai·viŋ
de buceo	*equipment*	ə·*kuip*·ment
aletas	*flippers*	*fli*·pərs
gafas	*mask*	mask
trajes		
isotérmicos	*wetsuits*	*uet*·suts

deportes de riesgo

¿De verdad que esto es seguro?
Are you sure this is safe?   ar yu shur ðis is seif

¿Es seguro el equipo?
Is the equipment secure?   is ði ə·*kuip*·ment se·*kiur*

¡Esto es una		
locura!	*This is insane!*	ðis is in·*sein*
rappel	*abseiling*	ab·*sei*·liŋ
puenting	*bungy-jumping*	*ban*·gi yam·piŋ
espeleología	*caving*	*kei*·viŋ
pesca deportiva	*game fishing*	geim *fi*·shiŋ
ciclismo de		
montaña	*mountain biking*	*maun*·tein *bai*·kiŋ
escalada	*rock-climbing*	rok *klaim*·biŋ

fútbol

¿Quién juega en el (Chelsea)?
Who plays for (Chelsea)? ḥu pleis for (chel.sii)

¡Qué equipo más espantoso!
What a terrible team! uot æ *te*·rri·bəl tiim

Es un gran jugador.
He's a great player. ḥis æ greit *ple*·yər

Jugó fenomenal en el partido contra (Italia).
He played brilliantly ḥi pleid *bri*·lian·tli
in the match against (Italy). in də mach ə·*genst* (*i*·ta·li)

¿Qué equipo va primero en la liga?
Which team is at the uich tiim is æt də
top of the league? top of də liig

corner	*corner*	*kor*·nər
saque de falta	*free kick*	frii kik
portero	*goalkeeper*	*goul*·kii·pər
fuera de juego	*offside*	*of*·said
penalty	*penalty*	*pe*·nal·ti

jerga deportiva

¡Pásamela!	*Kick it to me!*	kik it tu mi
Juegas bien.	*You're a good player.*	yur æ guud *ple*·yər
Gracias por jugar.	*Thanks for the game.*	zanks for də geim

tenis

¿Quieres jugar a tenis?
Would you like to   uud yu laik tu
play tennis?   plei *te*·nis

¿Podemos jugar de noche?
Can we play   kæn ui plei
at night?   æt nait

Juego, set		
y partido.	*Game, set, match.*	geim set mach
ace	*ace*	eis
ventaja	*advantage*	əd·*van*·tech
falta	*fault*	folt
jugar dobles	*play doubles*	plei *da*·bəls
(contra)	*(against)*	(ə·*genst*)
saque	*serve*	serv

deportes acuáticos

¿Puedo reservar una clase?
Can I book   kæn ai buuk
a lesson?   æ *le*·son

¿Facilitan equipo de seguridad?
Is safety gear   is *seif*·ti *gi*·ər
provided?   pro·*vai*·did

¿Hay ...?	*Are there any ...?*	ar ðer e·ni ...
arrecifes	*reefs*	rifs
corrientes	*rips*	rips

¿Son aguas peligrosas?
Are they any water   ar ðer e·ni uo·tər
hazards?   ḥæ·sərds

lancha motora	*motorboat*	*mo*·tor·bout
vela	*sail*	seil
tabla de surf	*surfboard*	*serf*·bourd
surf	*surfing*	serf
esquí acuático	*water-ski*	*uo*·tərs·ki
olas	*waves*	ueivs

el críquet

Es bastante habitual ver en los parques hombres vestidos de blanco jugando a algo parecido al béisbol. Se trata del críquet, un juego que levanta pasiones en muchos países angloparlantes. Para jugar, se necesitan un bate, una pelota y dos equipos de once jugadores. Un partido puede durar hasta cinco días y aun así puede acabar en empate.

excursiones

hiking

Inglaterra es un estupendo marco para hacer senderismo. Su flora y fauna se encuentran muy bien preservadas y merece la pena acercarse a ellas y conocerlas. Su paisaje, ya sea de páramos o de escarpados acantilados, puede sorprender gratamente al viajero.

¿Dónde puedo ...?	Where can I ...?	uer kæn ai ...
comprar provisiones	buy supplies	bai su·plais
encontrar a alguien que	find someone	faind sam·uan
conozca	who knows	hu nous
la zona	this area	dis æ·ria
conseguir un mapa	get a map	get æ mæp
alquilar un equipo para ir de excursión	hire hiking gear	hair hai·kiŋ gi·ər

señales		
This way to ...	dis uei tu ...	**Dirección a ...**
Camping ground	kæm·piŋ graund	**Cámping**
No camping	no kæm·piŋ	**Prohibido acampar**

¿Dónde puedo encontrar información sobre rutas de senderismo?

Where can I find out about hiking trails?	uer kæn ai faind aut ə·baut ḥai·kiŋ treils

¿Cuántos kilómetros tiene la ruta?

How long is the trail?	ḥau loŋ is ðə treil

¿A qué altura se sube?

How high is the climb?	ḥau ḥai is ðə klaimb

¿Se necesita un guía?

Do we need a guide?	du ui niid æ gaid

¿Se organizan excursiones con guía?

Are there guided treks?	ar ðer gai·did treks

PUB

¿Se necesita llevar ...?	*Do we need to take ...?*	du ui niid tu teik ...
algo para dormir	*bedding*	be·diŋ
comida	*food*	fuud
agua	*water*	uo·tər

¿Está/Es ... el sendero?	*Is the track ...?*	is ðə trak ...
(bien) señalizado	*(well-)marked*	(uel)mar·kid
abierto	*open*	ou·pən
pintoresco	*scenic*	se·nik

¿Cuál es el camino más ...?	*Which is the ... route?*	uich is ðə ... rut
fácil	*easiest*	i·si·est
corto	*shortest*	shor·test

¿Dónde hay ...?	Where's a ...?	uers æ ...
un cámping	*camping site*	*kæm·piŋ sait*
un pueblo	*village*	*vi·lich*

¿Dónde hay ...?	Where are the ...?	uer ar ðə ...
duchas	*showers*	*sha·uərs*
servicios	*toilets*	*toi·lets*

¿De dónde vienes?
Where have you   uer hæv yu
come from?   kam from

¿Cuánto has tardado?
How long did it take?   hau loŋ did it teik

¿Este sendero va a ...?
Does this path   das ðis paz
go to ...?   gou tu ...

¿Se puede pasar por aquí?
Can we go through here?   kæn ui gou zru hiər

¿Se puede beber el agua?
Is the water OK to drink?   is ðə *uo·*tər ou·*kei* tu drink

Estoy perdido/a.
I'm lost.   aim lost

¿Es seguro?
Is it safe?   is it seif

¿Hay alguna cabaña allí?
Is there a hut there?   is ðer æ hat ðer

¿A qué hora oscurece?
When does it get dark?   uen das it get dark

señales		
No	no	**¡Prohibido**
swimming!	*sui·*miŋ	**bañarse!**

en la playa

at the beach

¿Dónde está la playa ...?	Where's the ... beach?	uers đə ... biich
mejor	best	best
más cercana	nearest	nii·rest
nudista	nudist	niu·dist

¿Es peligroso bucear/nadar aquí?
Is it safe to dive/swim here? is it seif tu daiv/suim hiər

¿A qué hora está la marea alta/baja?
What time is high/low tide? uot taim is hai/lou taid

¿Hay que pagar?
Do we have to pay? du ui hæv tu pei

¿Cuánto cuesta alquilar ... ?	How much to rent ...?	hau mach tu rent ...
una tumbona	a chair	æ cher
una caseta	a hut	æ hat
una sombrilla	an umbrella	æn am·bre·lə

el tiempo

weather

¿Qué tiempo hace?
What's the weather like?   uots ðə *ue*·ðar laik

Hoy hace ...	*Today it's ...*	tu·*dei* its ...
¿Mañana hará ...?	*Will it be ...*	uil it bi ...
	tomorrow?	tu·*mo*·rrou
frío	*cold*	kould
un frío que pela	*freezing*	*frii*·siŋ
calor	*hot*	ḥot
sol	*sunny*	*sa*·ni
día agradable	*warm*	uorm
viento	*windy*	*uin*·di

Está lloviendo.
It's raining.   its *rei*·niŋ

(Mañana) Lloverá.
(Tomorrow) It will be raining   (tu·*mo*·rrou) it uil bi *rei*·niŋ

¿Dónde puedo comprar ...?	*Where can I buy ...?*	uer kæn ai bai ...
un impermeable	*a rain jacket*	æ rein ya·ket
crema solar	*sunblock*	*san*·blok
un paraguas	*an umbrella*	æn am·*bre*·lə
granizo	*hail*	ḥeil
tormenta	*storm*	storm
sol	*sun*	san

al aire libre

145

flora y fauna

¿Qué ... es	What ...	uot ...
ése/ésa?	is that?	is đat
animal	animal	æ·ni·mal
flor	flower	fla·uər
planta	plant	plænt
árbol	tree	trii

¿Para qué se usa?
What's it used for?   uots it iusd for

¿Se puede comer la fruta?
Can you eat the fruit?   kæn yu iit đə frut

¿Está en peligro de extinción?
Is it endangered?   is it in·dein·ye·rid

¿Es/Está ...?	Is it ...?	is it ...
común	common	ko·mon
peligroso/a	dangerous	dein·ye·rəs
protegido/a	protected	pro·tek·tid

Para información sobre términos geográficos, nombres de animales y plantas, véase **diccionario**.

lo básico

key language

Es importante tener en cuenta que los horarios de las comidas en el Reino Unido son bastante diferentes a los españoles. Es habitual comer entre las 12 y la 1, y cenar entre las 6 y las 8 aproximadamente.

desayuno	*breakfast*	*brek·fəst*
comida	*lunch*	lanch
cena	*dinner*	*di·nər*
tentempié	*snack*	snæk
comer	*eat*	iit
beber	*drink*	drink
Por favor.	*Please.*	pliis
Gracias.	*Thank you.*	zank yu
Quisiera ...	*I'd like ...*	aid laik ...
¡Estoy	*I'm*	aim
hambriento/a!	*starving!*	*star·viŋ*

encontrar un lugar para comer

finding a place to eat

¿Podría		
recomendarme	*Can you*	kæn yu
un/una ...?	*recommend a ...?*	*re·kə·mend æ ...*
bar	*bar*	bar
café	*cafe*	ka·*fe*
cafetería	*coffee bar*	*ko·*fi bar
restaurante	*restaurant*	*res·*tə·rant

¿Sirven todavía comidas?
Are you still serving food?   ar yu stil *ser·*viŋ fuud

¿Cuánto hay que esperar?
How long   ḥau loŋ
is the wait?   is đə ueit

¿Dónde se podría	*Where would you*	uer uud yu
ir para ...?	*go for (a)...?*	gou for (æ) ...
una celebración	*celebration*	se·le·*brei*·shən
comer barato	*cheap meal*	chiip miil
tomar comida	*local*	*lou*·kəl
típica	*specialities*	spe·*sha*·li·tis

Quisiera reservar	*I'd like to reserve*	aid laik tu ri·*serv*
una mesa para ...	*a table for ...*	æ *tei*·bəl for ...
(dos) personas	*(two) people*	(chu) *pii*·pol
las (ocho)	*(eight) o'clock*	(eit) o·*klok*

---

se podrá oír ...

so·rri uir kloust
Sorry,
we're closed.   **Lo siento,**
                  está cerrado.

ui ḥæv nou *tei*·bəls
We have no tables.   **No tenemos mesa.**

uan *mou*·ment
One moment.   **Un momento.**

Quisiera ...,	*I'd like ...,*	aid laik ...
por favor.	*please.*	pliis
una mesa	*a table*	æ *tei*·bəl
para (cinco)	*for (five)*	for (faiv)
la sección de	*the (non-) smoking*	đə (non) *smou*·kiŋ
(no) fumadores	*section*	*sek*·shən
la carta de bebidas	*the drink list*	đə drink list
el menú	*the menu*	đə *me*·niu

¿Tienen ...?	*Do you have ...?*	du yu ḥæv ...
un menú infantil	*children's meals*	*chil*·drens miils
un menú	*a menu*	æ *me*·niu
en español	*in Spanish*	in *spa*·nish

en el restaurante

¿Es autoservicio?
Is it self-serve?

is it *self*·serv

¿Está incluida la propina?
Is service included
in the bill?

is *ser*·vis in·*klu*·did
in ðə bil

¿Qué recomienda?
What would you
recommend?

uot uud yu
re·kə·mend

Tomaré lo mismo que ellos.
I'll have what they're having.

ail ḥæv uot ðeir ḥa·viŋ

¿Tarda mucho en prepararse?
Does it take long to prepare?

das it teik loŋ tu pri·*per*

¿Qué lleva ese plato?
What's in that dish?

uots in ðat dish

Para más información, véase **comida vegetariana y de dieta,** en
p. 163 y **salud,** en p.181.

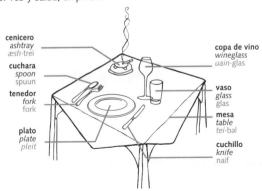

cenicero / *ashtray* / æsh·trei

cuchara / *spoon* / spuun

tenedor / *fork* / fork

plato / *plate* / pleit

copa de vino / *wineglass* / uain·glas

vaso / *glass* / glas

mesa / *table* / tei·bəl

cuchillo / *knife* / naif

comer fuera

149

¿Está esto incluido?
Are these complimentary?   ar đis com·pli·*men*·tə·ri

Sólo queremos beber algo.
We're just having drinks.   uir yast *ḥa*·viŋ drinks

Quisiera un plato típico.
I'd like a local   aid laik æ *lou*·kəl
speciality.   spe·*sha*·li·ti

señales		
Reserved	ri·*servt*	**reservado**

en la mesa

Por favor	*Please*	pliis
tráiganos ...	*bring ...*	briŋ ...
la cuenta	*the bill*	đə bil
un vaso	*a glass*	æ glas
una servilleta	*a serviette*	æ *ser*·viet
una copa de vino	*a wineglass*	æ *uain*·glas

Para más información sobre palabras que se puedan encontrar
en un menú, véase **glosario gastronómico,** en p. 165.

se podrá oír ...	
du yu laik...	
Do you like ...?	**¿Le gusta ...?**
ai su·*yest* đa...	
I suggest the ...	**Recomiendo ...**
ḥau uud yu laik đat kukt	
How would you like	
that cooked?	**¿Cómo lo quiere?**

appetisers	ə·pe·*tai*·sərs	aperitivos
soups	suups	sopas
beers	*bi*·ərs	cervezas
entrees	en·tris	entrantes
digestifs	dai·*yes*·tifs	chupitos
salads	sæ·ləds	ensaladas
spirits	*spi*·rits	licores
desserts	di·*serts*	postres
soft drinks	soft drinks	refrescos
main courses	mein kors	segundos platos
white wines	uait uains	vinos blancos
dessert wines	di·*sert* uains	vinos dulces
sparkling wines	*spar*·kliŋ uains	vinos espumosos
red wines	red uains	vinos tintos

sobre la comida

talking food

Me encanta este plato.
I love this dish.   ai lov ðis dish

Nos encanta la comida típica de la zona.
We love the local cuisine.   ui lov ðə *lou*·kəl kui·*sin*

¡Estaba buenísimo!
That was delicious!   ðat uos di·*li*·shəs

Mi enhorabuena al cocinero
My compliments to the chef.   mai *kom*·pli·ments tu ðə shef

comer fuera

151

Estoy lleno/a.	I'm full.	aim ful
Está ...	This is ...	ðis is ...
quemado	burnt	barnt
(muy) frío	(too) cold	(tuu) kould
exquisito	superb	su·perb

comidas

> desayuno

¿Cómo es el típico (desayuno) inglés?

What's a typical	uots æ ti·pi·kəl
English (breakfast)?	in·glish (brek·fəst)?

tortilla	omelette	om·let
muesli	muesli	mius·li
tostadas	toast	toust

Para información sobre platos típicos, véase **glosario gastronómico,** en p. 165.

> comidas ligeras

¿Cómo se llama eso?

What's that called?	uots ðat kold

Quisiera ...,	I'd like ...,	aid laik ...
por favor.	please.	pliis
un trozo	a piece	æ piis
un sándwich	a sandwich	æ sæn·uich

una loncha	*one slice*	uan slais
ése/ésa	*that one*	đat uan
dos	*two*	tu

> condimentos

¿Hay ...?	*Is there any ...?*	is đer e·ni ...
salsa		
picante	*chilli sauce*	chi·li sos
pimienta	*pepper*	pe·pər
sal	*salt*	solt
salsa		
de tomate	*tomato sauce*	tə·ma·tou sos
vinagre	*vinegar*	vi·ni·gər

PUB

métodos de cocción

methods of preparation

Lo quiero ...	*I'd like it ...*	aid laik it ...
No lo quiero ...	*I don't want it ...*	ai dont uont it ...
frito en	*deep-*	diip·
mucho aceite	*fried*	fraid
no muy		
hecho	*medium*	mi·dium
vuelta y vuelta	*rare*	rer
recalentado	*re-heated*	ri·ḥii·tid
al vapor	*steamed*	stiimt
muy hecho	*well-done*	uel·don
con aliño	*with the dressing*	uiz đə dre·siŋ
aparte	*on the side*	on đə said
sin ...	*without ...*	ui·zaut ...

comer fuera

153

en el bar

¡Oiga!	*Excuse me!*	eks·*kius* mi
Ahora voy yo.	*I'm next.*	aim ðə nekst
Tomaré ...	*I'll have ...*	ail ḥæv ...

Otra de lo mismo.
Same again, please.　　seim ə·*gen* pliis

Sin hielo, gracias.
No ice, thanks.　　nou ais zanks

Te invito a una copa.
I'll buy you a drink.　　ail bai yu æ drink

¿Qué quieres tomar?
What would you like?　　uot uud yu laik

Es mi ronda.
It's my round.　　its mai raund

La próxima la pagas tú.
*You can get the
next one.*　　yu kæn get ðə
nekst uan

se podrá oír ...

ḥiər yu gou
Here you go!　　**¡Aquí tiene!**

uer uud yu laik tu siit
*Where would you
like to sit?*　　**¿Dónde le
gustaría sentarse?**

uot kæn ai get for yu
*What can I get
for you?*　　**¿En qué le
puedo servir?**

uud yu laik æ drink uail yu ueit
*Would you like a drink
while you wait?*　　**¿Quiere tomar algo
mientras espera?**

COMIDA

154

¿Cuánto es?
How much is that?   ḥau mach is đat

¿Sirven comidas aquí?
Do you serve meals   du yu serv miils
here?   ḥiər

diferentes locales

Hay que destacar que en los últimos tiempos se ha despertado un gran interés por la cocina en el Reino Unido. Son muchos los nuevos chefs, así como los libros y programas sobre el tema, hasta el punto de que se ha empezado a hablar de una 'nueva cocina inglesa'. Los locales en los que se puede comer o beber algo son también muy variados. A continuación se indican algunos de los más comunes:

• **Restaurants**: en ellos se puede encontrar comida de cualquier rincón del mundo o bien elegir uno que ofrezca comida inglesa.

• **Pubs**: más informales que los anteriores, son los locales ingleses tradicionales. La comida es barata y sencilla, pero suele ser buena. Se pide y se paga en la barra indicando el número de la mesa en la que uno se va a sentar.

• **Snack bars**: muy concurridos al mediodía para comprar un sándwich o un bocadillo para el almuerzo.

• **Cafés**: ofrecen numerosas variedades de café y té acompañadas de pastas o tartas.

• **Wine bars**: los ingleses se están subiendo también al tren de la moda del vino y estos locales son los equivalentes a las vinotecas que se pueden encontrar en España.

• **Bars**: suelen ser locales de diseño donde se pueden tomar copas, cócteles, etc.

• **Take aways**: son establecimientos en los que se vende comida para llevar. La variedad es inmensa y pueden ofrecer desde comida hindú hasta fish & chips.

bebidas no alcohólicas

No bebo alcohol.
I don't drink alcohol.   ai dont drink æl·kə·ḥol

(taza de) café ...	*(cup of) coffee ...*	(kap of) ko·fi ...
(taza de) té ...	*(cup of) tea ...*	(kap of) ti ...
con leche	*with milk*	uiz milk
sin azúcar	*without sugar*	ui·*zaut shu*·gər
refrescos	*soft drinks*	soft drinks
agua ...	*water ...*	*uo*·tər ...
hirviendo	*boiled*	boilt
mineral	*mineral*	*mi*·nə·rəl
(con gas)	*(sparkling)*	(spar·kliŋ)

bebidas alcohólicas

cerveza	*beer*	bi·ər
coñac	*brandy*	bran·di
champán	*champagne*	cham·*pein*
cóctel	*cocktail*	kok·teil
sidra	*cider*	sai·dər
un chupito de ...	*a shot of ...*	æ shot of ...
ginebra	*gin*	yin
ron	*rum*	ram
tequila	*tequila*	te·*ki*·la
vodka	*vodka*	vod·kə
whisky	*whisky*	uis·ki

locos por la cerveza

Los británicos pasan buena parte de su tiempo libre en los pubs. Allí se reúnen con amigos, ven partidos, celebras fiestas y beben grandes cantidades de cerveza, que se puede considerar como la bebida nacional. Ésta se sirve siempre a temperatura ambiente y se suele tomar en pintas **(pints)**, que son vasos de casi medio litro o en medias pintas **(halfpints)**, que contienen un cuarto de litro. Existe una gran variedad de cervezas dependiendo de los ingredientes, el grado de fermentación, el aspecto y los procedimientos de elaboración, de modo que al pedir una, es conveniente concretar qué deseamos tomar.

Existen dos tipos principales de cerveza: las **lager**, que son cervezas rubias de fermentación baja y sabor suave, y las **ale**, que son cervezas de fermentación alta, con un sabor más robusto. Esta última variedad es muy popular en Gran Bretaña.

una botella/ copa de vino	*a bottle/ glass of wine*	æ *ba·təl/* glas of uain
dulce	*dessert*	di·*sert*
tinto	*red*	red
rosado	*rose*	ro·se
espumoso	*sparkling*	*spar*·kliŋ
blanco	*white*	uait
una ... de cerveza	*a ... of beer*	æ ... of *bi*·ər
caña	*glass*	glass
jarra	*jug*	yag
pinta	*pint*	paint

una copa de más

¡Salud!
Cheers! — chiirs

Lo siento, pero no me apetece.
Thanks, but I don't — zanks bat ai dont
feel like it. — fiil laik it

Me lo estoy pasando muy bien.
This is hitting the spot. — ðis is ḥi·tiŋ ðə spot

Estoy cansado/a, mejor me voy a casa.
I'm tired, I'd better — aim taiəd aid be·tər
go home. — gou ḥom

¿Dónde está el lavabo?
Where's the toilet? — uers ðə toi·let

Esto me está subiendo mucho.
I'm feeling drunk. — aim fii·liŋ drank

¡Me siento fenomenal!
I feel fantastic! — ai fiil fæn·tæs·tik

Te quiero muchísimo.
I really, really love you. — ai rii·li rii·li lov yu

Creo que he bebido demasiado.
I think I've had one too many. — ai zink aiv ḥad tuu me·ni

¿Me puedes pedir un taxi?
Can you call a taxi for me? — kæn yu kol æ tak·si for mi

Creo que no deberías conducir.
I don't think you should drive. — ai dont zink yu shud draiv

Estoy borracho/a.
I'm pissed. — aim pist

Me encuentro mal.
I feel ill. — ai fiil il

lo básico

key language

Un trozo.	*A piece.*	æ piis
Una loncha.	*A slice.*	æ slais
Ése.	*That one.*	đat uan
Esto.	*This.*	đis
Un poco más.	*A bit more.*	æ bit mor
Menos.	*Less.*	les
¡Basta!	*Enough!*	i·*naf*
cocido/a	*cooked*	kukt
seco/a	*dried*	draid
fresco/a	*fresh*	fresh
congelado/a	*frozen*	*frou*·sen
crudo/a	*raw*	roo

comprar comida

buying food

¿Cuánto?
How much? ḥau mach

¿Cuántos?
How many? ḥau *me*·ni

¿Cuánto vale (un kilo de queso)?
How much is ḥau mach is
(a kilo of cheese)? (æ *ki*·lou of *chiis*)

¿Cuál es la especialidad de la zona?
What's the local uots đə *lou*·kəl
speciality? spe·*sha*·li·ti

¿Qué es eso?
What's that? uots đat

kæn ai help yu
Can I help you?

¿En qué
le puedo servir?

uot uud yu laik
What would you like?

¿Qué querías?

ai dont hæv e·ni
I don't have any.

No tengo.

¿Puedo probarlo/a?
Can I taste it?   kæn ai teist it

¿Me da una bolsa, por favor?
Can I have a bag, please?   kæn ai hæv æ bæg pliis

Póngame ...	*I'd like ...*	aid laik ...
(tres) piezas	*(three) pieces*	(zrii) *pi*·sis
(seis) lonchas	*(six) slices*	(siks) *slai*·sis
(dos) kilos	*(two) kilos*	(tu) *ki*·lous
(doscientos)	*(200)*	(tu *han*·dred)
gramos	*grams*	græms

¿Tiene ... ?	*Do you have ...?*	du yu hæv ...
algo más barato	*anything cheaper*	e·ni·ziŋ *chii*·pər
otros tipos	*any other kinds*	e·ni o·ðər kainds

¿Dónde está la	*Where can I*	uer kæn ai
sección de ...?	*find the ... section?*	faind ðə ... *sek*·shən
productos		
lácteos	*dairy*	*de*·ri
productos	*frozen*	*frou*·sen
congelados	*goods*	guuds
fruta y	*fruit and*	frut ænd
verdura	*vegetable*	*ve*·yi·tə·bəl
carne	*meat*	miit
aves	*poultry*	*poul*·tri

utensilios de cocina

¿Me puede prestar un/una ...?
Could I please borrow a/an ...?   kud ai pliis *bo·*rrou æ/æn ...

¿Dónde hay un/una ...?
Where's a/an ...?   uers æ/æn ...

abrebotellas	bottle opener	*ba·*təl *ou·*pe·nər
bol	bowl	boul
abrelatas	can opener	kæn *ou·*pe·nər
tabla para picar	chopping board	*cho·*piŋ bord
taza	cup	kap
sacacorchos	corkscrew	*kork·*skriu
tenedor	fork	fork
nevera	fridge	frich
sartén	frying pan	*fra·*yiŋ pæn
vaso	glass	glas
cuchillo	knife	naif
horno	oven	*o·*vən
plato	plate	pleit
cazo	saucepan	*sos·*pæn
cuchara	spoon	spuun
tostadora	toaster	*tous·*tər

se podrá oír ...

ðats (*che·*dər)
  That's
  (Cheddar).

**Eso es
(queso Cheddar).**

ðers non left
  There's none left.

No queda más.

ðats (faiv paunds)
  *That's (five
  pounds).*

**Eso son (cinco
libras).**

uud yu laik *e·*ni·ziŋ els
  Would you like anything else?   **¿Algo más?**

cantidades

Por favor, deme …	*Please give me …*	pliis giv mi …
(cien) gramos	*(100) grams*	(ḥan·dred) græms
una media	*half a*	ḥalf æ
docena	*dozen*	*dou·*sen
medio kilo	*half a kilo*	ḥalf æ *ki·*lou
un kilo	*a kilo*	æ *ki·*lou
una botella (de …)	*a bottle (of …)*	æ *ba·*təl (of …)
una jarra	*a jar*	æ yar
un paquete	*a packet*	æ *pæ·*kit
una lata	*a tin*	æ tin
(sólo) un poquito	*(just) a little*	(yast) æ *li·*təl
muchos/muchas	*many*	*me·*ni
más	*more*	mor
algunos/algunas	*some*	som
menos	*less*	les

pedir la comida

ordering food

Soy vegetariano/a.
I'm vegetarian.   aim ve·yi·*ti*·riən

¿Hay algún restaurante (vegetariano) por aquí?
Is there a (vegetarian)   is ðer æ (ve·yi·*ti*·riən)
restaurant near here?   res·tə·rant niər ḥiər

¿Tienen	*Do you have*	du yu ḥæv
comida ...?	*... food?*	... fuud
halal	*halal*	ḥə·*lal*
kosher	*kosher*	kou·shər
vegetariana estricta	*vegan*	vi·gən

No como carne roja.
I don't eat red meat.   ai dont iit red miit

¿Esta cocinado con mantequilla?
Is it cooked in/with butter?   is it kukt in/uiz ba·tər

¿Me puede	*Could you*	kud yu
preparar una	*prepare a meal*	pri·*per* æ miil
comida sin ...?	*without ...?*	ui·*zaut* ...
huevo	*eggs*	egs
pescado	*fish*	fish
caldo de carne/ pescado	*meat/fish stock*	miit/fish stok
cerdo	*pork*	pork
aves	*poultry*	*poul*·tri

¿Es esto ...?	Is this ...?	is ðis ...
transgénico	genetically modified	ye·*ne*·ti·kə·li mo·di·faid
sin gluten	gluten-free	*glu*·tən·frii
bajo en azúcar	low in sugar	lou in *shu*·gər
bajo en grasas	low-fat	*lou*·fæt
orgánico	organic	or·*gæ*·nik
sin sal	salt-free	solt frii

dietas especiales y alergias

Sigo una dieta especial.
I'm on a special diet.　　　aim on æ *spe*·shəl daiet

Soy alérgico/a ...	*I'm allergic to ...*	aim ə·*ler*·yik tu ...
a los productos lácteos	dairy produce	de·ri pro·*dius*
a la miel	honey	*ḥa*·ni
al glutamato monosódico	MSG	em es yi
a las nueces	nuts	nats
al marisco	seafood	*sii*·fuud
a los crustáceos	shellfish	*shel*·fish

---

se podrá oír ...

ail chek uiz ðə kuuk
I'll check with the cook.

Le preguntaré al cocinero.

kæn yu iit...
Can you eat ...?

¿Puede comer ...?

it ol ḥas (miit) in it
It all has (meat) in it.

Todo lleva (carne).

A

Aberdeen angus æ·bər·diin æn·gus *ternera escocesa*

afternoon tea af·tər·nuun tii *té de la tarde servido con pequeños emparedados, galletitas y pastel*

almond cake a·mənd keik *pastel de almendras*

almonds a·mənds *almendras*

anchovies æn·chə·vis *anchoas*

aniseed æ·ni·siid *semillas de anís*

apple æpl *manzana*

apricot ei·pri·kot *albaricoque*

artichokes ar·ti·shouks *alcachofas*

asparagus əs·pæ·rə·gəs *espárragos*

aubergine ou·bər·yin *berenjena*

avocado æ·və·ka·dou *aguacate*

B

bacon bei·kən *bacón*

baguette bæ·get *barra de pan, baguette*

baked apples beikt æpls *manzanas asadas*

baked beans beikt biins *judías cocidas con salsa de tomate; se toman con el desayuno inglés y con casi todo*

baked tuna pudding beikt tiu·nə pu·diŋ *budín de atún*

banana ba·na·nə *plátano*

bangers and mash bæ·ŋers ænd mash *salchichas con puré de patata y salsa de carne*

barbecued bar·bi·kiud *a la barbacoa*

bay leaf bei liif *hoja de laurel*

beans on toast biins on toust *judías con tomate sobre una tostada de pan de molde*

beef biif *ternera*

beetroot bii·trut *remolacha*

biscuit bis·kit *galleta*

black pudding blæk pu·diŋ *morcilla*

blackberry blæk·ba·rri *mora*

blueberry blu·ba·rri *arándano*

boiled boilt *hervido*

brains breins *sesos*

braised breist *a la brasa cocinado lentamente*

bread bred *pan*

— **white bread** uait bred *pan blanco*

— **wholemeal bread** houl·mill bred *pan integral*

— **nan bread** nan bred *pan típico hindú*

— **bagels** bei·gəls *bollos redondos con un agujero en medio*

— **pita bread** pi·ta bred *pan ácimo árabe, fino como una crepe*

— **rye bread** rai bred *pan de centeno*

breadcrumbs bred·krambs *pan rallado*

bread roll bred rol *bollo*

bread roll with a filling bred rol uiz æ fi·liŋ *bocadillo*

bream briim *sargo*

breast of chicken brest of chi·ken *pechuga de pollo*

broad beans brod biins *habas*

broccoli bro·kə·li *brécol*

broth broz *caldo, potaje*

brownie brau·ni *pastelillo de chocolate y nueces*

Brussels sprouts bra·sels sprauts *coles de Bruselas*

bun ban *panecillo de hamburguesa*

— **swiss bun** suis ban *pan dulce estilo bollo suizo*

butter ba·tər *mantequilla*

— **salted butter** sol·tid ba·tər *mantequilla con sal*

— **unsalted butter** an·sol·tid ba·tər *mantequilla sin sal*

C

cabbage kæ·bich *col, repollo*
— **red cabbage** red kæ·bich *col lombarda*
cake keik *pastel; normalmente se sirve con nata o custard, crema pastelera muy líquida*
— **wedding cake** ue·diŋ keik *pastel de boda*
— **birthday cake** berz·dei keik *pastel de cumpleaños*
— **chocolate cake** cho·klit keik *pastel de chocolate*
— **chocolate truffle cake** cho·klit trafl keik *pastel de chocolate y trufa*
calamari ka·la·ma·ri *calamares*
— **squid rings fried in batter** skuid riŋs fraid in ba·tər *calamares fritos a la romana*
cannelloni ka·ne·lo·ni *canelones*
caper kei·pər *alcaparra*
caramel kæ·rə·məl *caramelo*
carrot kæ·rrət *zanahoria*
cashew nut kæ·shu nat *anacardo*
casserole kæ·sə·roul *puchero*
cauliflower ka·li·fla·uər *coliflor*
caviar kæ·viar *caviar*
celery se·lə·ri *apio*
cereal si·riəl *cereales*
Ceylon si·lan *variedad de té de sabor fuerte*
cheese chiis *queso*
— **blue cheese** blu chiis *queso azul*
— **Cheddar** che·dər *probablemente el queso inglés más famoso*
— **cream cheese** kriim chiis *queso crema*
— **Stilton** stil·ton *queso azul muy reconocido, con denominación de origen*
— **Cottage cheese** ka·tich chiis *queso fresco*

cheese straws chiis strous *palitos de queso*
cherry che·rri *cereza*
— **wild cherry** uaild che·rri *cereza silvestre*
chestnut ches·nat *castaña*
chicken chi·ken *pollo*
— **in garlic sauce** in gar·lik sos *pollo en salsa de ajo*
— **chicken casserole** chi·ken kæ·sə·roul *puchero de pollo*
— **marinated chicken** ma·ri·nei·tid chi·ken *pollo marinado para barbacoa o grill*
— **chicken Kiev** chi·ken kiev *muslo de pollo deshuesado y relleno de mantequilla, ajo y perejil*
chicken leg & thigh chi·ken leg ænd zai *muslo de pollo*
chicken wing chi·ken uiŋ *ala de pollo*
chickpeas chik·piis *garbanzos*
chives chaivs *cebollino*
chocolate cho·klit *chocolate*
— **hot chocolate** hot cho·klit *chocolate caliente*
chocolate eclair cho·klit ei·kler *petisú de chocolate*
chocolate mousse cho·klit mus *mousse de chocolate*
chopped chopt *picado*
chops chops *chuletas*
chutney chat·ni *frutas y verduras en salsa agridulce, que se sirven de entrante o para acompañar carnes en los restaurantes hindúes*
cinnamon si·nə·mən *canela*
citrus fruits si·trəs fruts *cítricos*
clams klæms *almejas*
coated in breadcrumbs kou·tid in bred·krambs *empanado*
cockles ka·kəls *berberechos*
— **pickle cockles** pi·kəl ka·kəls *berberechos en vinagre*
coconut kou·kə·nat *coco*
cod & potato stew kod ænd pə·tei·tou stiu *porrusalda*

cod kod *bacalao*

cod fritters kod fri·tərs *fritos de bacalao*

coley kou·li *abadejo*

cold kould *frío*

cold meats kould miits *fiambres*

confectionery kən·fek·shə·nə·ri *repostería*

conger eel koŋ·gər iil *congrio*

cool kuul *fresco*

corn korn *maíz*
— **corn on the cob** korn on ðə kob *mazorca de maíz cocida, con mantequilla y sal*
— **sweetcorn** suit·korn *maíz tierno*

courgette kur·yet *calabacín*

crab kræb *cangrejo*

cranberry kræn·bə·rri *arándano*

crayfish krei·fish *cigala*

cream kriim *nata líquida, crema*
— **fresh cream** fresh kriim *nata*
— **whipped cream** uipt kriim *nata montada*
— **cream of vegetable soup** kriim of ve·yi·tə·bəl suup *crema de verduras*

crème caramel krem kæ·rə·məl *flan*

cress kres *berro*

cucumber kiu·kam·bər *pepino*

cured kiurt *en salazón, conservado en sal*

curry ka·rri *curri; es casi el plato nacional inglés y se puede tomar en todas partes*

custard cream kas·təd kriim *crema pastelera muy líquida*
— **chocolate custard** cho·klit kas·təd *crema pastelera de chocolate*

cuttlefish ka·təl·fish *sepia*

D

Danish pastries dei·nish peis·tri *deliciosa bollería fina con frutas, canela y crema pastelera*

dairy products de·ri pro·dakts *productos lácteos*

dairy ice cream de·ri ais kriim *mantecado*

dark-roasted coffee beans dark·rous·tid ko·fi biins *café torrefacto*

Darjeeling dar·yi·liŋ *té muy ligero y aromático*

deep-fried diip·fraid *fritura en aceite muy abundante, generalmente en freidora*

deep-fried prawns diip·fraid prons *camarones fritos*

deer diər *ciervo*

dessert di·sert *postre*

diced daist *cortado en dados*

dill dil *eneldo*

dim sum dim sum *comida especial china consistente en pequeñas tapas que suele tomarse en festividades o domingos*

dipping sauce di·piŋ sos *mojo*
— **yoghurt and mint** yo·gərt ænd mint *mojo de yogur y menta*
— **onion and chives** a·niən ænd chaivs *mojo de cebolla y cebollino*
— **sour cream** sauər kriim *crema agria*
— **guacamole** ua·ka·mou·li *guacamole*
— **tomato and chilli** tə·ma·tou ænd chi·li *mojo de tomate y chile picante*

dogfish dog·fish *cazón*

dried kidney bean draid kid·ni bin *judía*

dried fruits draid frut *frutos secos*

duck dak *pato*
— **orange duck** o·rinch dak *pato a la naranja*
— **aromatic crispy duck** æ·rou·mæ·tik kris·pi dak *especialidad china, pato crujiente deshuesado con tortitas y salsa de ciruela*

dumpling dam·pliŋ *especialidad china, saquito de pasta de arroz al vapor relleno de carne y verduras*

E

Easter egg iis·tər eg *huevo de chocolate de pascua, mona de pascua*

Eccles e·kəls *dulce de milhojas y pasas*

eel iil *anguila*

egg eg *huevo*
— **boiled egg** boilt eg *huevo pasado por agua*
— **fried egg** fraid eg *huevo frito*
— **scrambled eggs** skræm·bəlt egs *huevos revueltos*
— **poached eggs** poucht egs *huevos escalfados*
— **chocolate egg** cho·klit eg *huevo de chocolate*
— **Scotch egg** skoch eg *huevo duro recubierto de carne de cerdo y rebozado en pan rallado*

English breakfast in·glish brek·fəst *copioso desayuno inglés que se puede tomar en cualquier momento del día; contiene bacón, salchichas, champiñones, huevo frito o revuelto, tomate a la plancha, morcilla, judías con tomate, pan tostado con mermelada y mantequilla*

English Breakfast Tea in·glish brek·fəst ti *té tradicional de desayuno; no es muy fuerte*

English hot pot in·glish hot pot *riñones y carne de cordero con patatas al horno*

Earl Grey Tea el grei ti *té aromático y de calidad reconocida*

F

fennel fenl *hinojo*

fig fig *higo*

fillet fi·lit *filete*

fish fish *pescado*
— **fish and chips** fish ænd chips *filete de pescado a elegir, rebozado y frito con patatas fritas; se le suele echar vinagre de malta*
— **fish cakes** fish keiks *parecidas a hamburguesas de pescado*

con puré de patata, empanadas y fritas
— **fish fingers** fish fin·gərs *palitos de pescado*

flaky pastries flei·ki peis·tris *hojaldres*

flapjack flæp·yæk *torta de avena*

flour fla·uər *harina*
— **wholemeal flour** houl·miil fla·uər *harina integral*

French toast french toust *tostada de pan de molde bañada en huevo batido y frito en la sartén con mantequilla*

fresh green bean fresh griin biin *judía verde*

fried pastry fraid peis·tri *buñuelo*

fritters fri·tərs *fritos*
— **honey-roasted fritters** ha·ni-rous·tid fri·tərs *con miel*

fruit frut *fruta*

fruit in syrup frut in si·rəp *frutas en almíbar*

fudge fach *dulce cremoso de leche, mantequilla y azúcar, muy parecido al tofe pero mucho más blando*

G

game geim *caza*

gammon steak gæ·mən steik *filete de lacón frito o al grill*
— **gammon and pineapple steak** gæ·mən ænd pai·næ·pəl steik *lacón servido con piña; es muy típico*

garlic gar·lik *ajo*
— **garlic bread** gar·lik bred *pan con ajo y aceite tostado; se toma de primero*
— **garlic mayonnaise** gar·lik me·yə·neis *alioli*
— **garlic mushrooms** gar·lik mash·ruums *champiñones al ajillo*

garnished gar·nisht *con guarnición, aderezado*

gherkin ger·kin *pepinillo*

ginger yin·yər *jengibre*
goat gaut *cabra*
goose gus *oca*
grain grein *grano*
grape greip *uva*
— **raisin** rei·sən *uva pasa*
— **sultana** sal·ta·nə *uva sultana*
— **currant** ka·rrant *uva de corinto*
grapefruit greip·frut *pomelo*
grated grei·tid *rallado*
gravy grei·vi *salsa densa de carne hecha con el jugo de asar la carne y harina*
greengage griin·geich *ciruela claudia*
greens griins *verduras*
green salad griin sæ·ləd *ensalada verde*
grey mullet gri ma·lit *mújol*
grilled meat grilt miit *parrillada*
ground graund *picado, molido*
guineafowl gi·nii·faul *pintada*

H

haddock hæ·dək *abadejo*
haddock steaks hæ·dək steiks *medallones de abadejo*
haggis hæ·gis *asaduras de cordero, avena y especias cocidas en las tripas del animal; es un plato típicamente escocés*
hake heik *merluza*
halibut hæ·li·bət *fletán*
ham hæm *jamón*
— **cooked ham** kukt hæm *jamón cocido*
— **honey roasted ham** ha·ni rous·tid hæm *jamón entero cocido y asado al horno con miel*
hamburger hæm·bur·gər *hamburguesa*
hard hard *duro*
hare her *liebre*
hare stew her stiu *civet de liebre*
haricot bean hæ·ri·kou biin *alubia*
hazelnut hei·sel·nat *avellana*
heart hart *corazón*

herbs herbs *hierbas aromáticas*
herring he·rriŋ *arenque*
— **kipper** ki·pər *ahumado*
home made hom meid *casero*
honey ha·ni *miel*
hot spicy hot spai·si *picante*
hot dog hot dog *perrito caliente*

I

ice cream ais kriim *helado*
Irish stew ai·rish stiu *estofado de cordero; es un plato irlandés*

J

jam yæm *mermelada de cualquier sabor excepto naranja*
jellied ye·lid *en gelatina*
John Dory yon do·ri *pez de San Pedro o San Martín*

K

kebab kə·bæb *plato típico de los países árabes; es como un bocadillo de pollo o cordero con ensalada y salsa de ajo o picante*
kidney kid·ni *riñones*
king prawns kiŋ prons *langostinos*
— **grilled king prawns** grilt kiŋ prons *a la plancha*

L

lamb & chicken kebabs læmb ænd chi·ken kə·bæbs *pincho moruno de pollo o cordero y ensalada*
lamb læmb *cordero*
Lancashire hot pot lan·kə·sha·iə hot pot *estofado de cordero y riñones recubierto de patatas cortadas en dados*
lard lard *manteca*
large clam larch klæm *coquina*
leek liik *puerro*
leg of lamb leg of læmb *pierna de cordero*

legumes le·giums *legumbres*
lemon le·mən *limón*
— **lemon meringue** le·mən mə·ræŋ
*típica tarta de merengue de
limón*
lemon sole le·mən soul *platija*
lentils len·təls *lentejas*
lettuce le·tis *lechuga*
lime laim *lima*
liver li·vər *hígado*
liver and bacon with onions li·vər ænd
bei·kən uiz ə·niəns *hígado con bacón
y cebolla*
lobster lobs·tər *langosta*
loin loin *lomo*
— **loin of pork** loin of pork *lomo
de cerdo*

M

mackerel mæ·krəl *caballa*
— **smoked mackerel** smoukt mæ·krəl
caballa ahumada; es muy típica
maize meis *maíz*
mangetout many·tu *tirabeques, judías
verdes anchas y planas, muy tiernas*
mango mæŋ·gou *mango*
maple syrup mei·pəl si·rəp *jarabe
de arce*
margarine mar·gə·rin *margarina*
marinade mæ·ri·neid *marinada*
marmalade mar·mə·leid *mermelada,
pero sólo la de naranja amarga*
marshmallows marsh·mæ·lou *nubes,
dulces de goma arábiga*
marzipan mar·si·pæn *mazapán*
mashed potatoes mæsht pə·tei·tous
puré de patata
mayo me·you *mayonesa*
mayonnaise me·yə·neis *mayonesa*
— **garlic mayonnaise** gar·lik
me·yə·neis *alioli*
meat & vegetable stew miit ænd
ve·yi·tə·bəl stiu *estofado de carne y
verduras*
meat miit *carne*

— **minced meat** minst miit *carne
picada*
— **stewed** stiud *carne estofada*
meatballs miit·bols *albóndigas*
— **meatball stew** miit·bol stiu
estofado de albóndigas
melon me·lən *melón*
meringue mə·ræŋ *merengue*
mild green chilli maild griin chi·li
guindilla verde no muy picante
milk milk *leche*
— **skimmed milk** ski·mid milk *leche
desnatada*
— **semi-skimmed milk** se·mi·ski·mid
milk *leche semidesnatada*
— **whole milk** ḥoul milk *leche entera*
mint mint *menta*
monkfish mank·fish *rape*
mozzarella in carozza mod·sə·rel·la in
ka·rod·sa *rebanadas de mozzarella
rebozadas y fritas con salsa de tomate*
muffin ma·fin *magdalena pero un
poquito más grande*
mushrooms mash·ruums *champiñones*
mushy peas ma·shi piis *puré de
guisantes para acompañar carnes o
pescados*
mussels ma·səls *mejillones*
mustard mas·təd *mostaza*
— **mustard seed** mas·təd siid *mostaza
en grano*
— **English mustard** in·glish mas·təd
*mostaza inglesa, generalmente
fuerte y picante*
— **French mustard** french mas·təd
mostaza francesa
mutton ma·tən *oveja*

N

noodles nu·dəls *fideos*
nut nat *nuez*
nuts nats *frutos secos en general*
— **pecan nut** pi·kan nat *de pecan*
— **walnut** ual·nat *nuez de nogal*
nutmeg nat·meg *nuez moscada*

O

oat out *avena*
octopus ok·tə·pəs *pulpo*
offal ou·fəl *despojos*
oil oil *aceite*
 — **olive oil** o·liv oil *aceite de oliva*
 — **extra virgin olive oil** eks·trə ver·yin o·liv oil *aceite de oliva virgen extra*
 — **sunflower oil** san·fla·uər oil *aceite de girasol*
olive o·liv *aceituna*
 — **green olive** griin o·liv *aceituna verde*
 — **black olive** blæk o·liv *aceituna negra*
omelette om·let *tortilla; muy habitual para desayunar*
 — **plain omelette** plein om·let *tortilla francesa*
 — **ham omelette** ḥæm om·let *tortilla francesa de jamón dulce*
 — **cheese omelette** chiis om·let *tortilla francesa de queso*
 — **mushroom omelette** mash·ruums om·let *tortilla francesa de champiñones*
onion a·niən *cebolla*
orange o·rinch *naranja*
organic produce or·gæ·nik pro·dius *productos biológicos*
oxtail oks·teil *rabo de buey*
oyster ois·tər *ostra*

P

pancakes pæn·keiks *crepes*
partridge par·tri·chis *perdiz*
pastry peis·tri *masa, pasta, especie de empanadilla*
 — **Cornish pasty** kor·nish pas·ti *especie de empanadilla grande rellena de carne, patata y verduras*
 — **Steak and Stilton** steik ænd stil·ton *empanadilla de carne de vacuno y queso azul*
 — **cheese and onion** chiis ænd a·niən *empanadilla de queso y cebolla*
 — **ham and cheese** ḥæm ænd chiis *empanadilla de queso y jamón cocido*
 — **sausage roll** so·sich rol *empanadilla de salchicha*
pea pii *guisante*
peach piich *melocotón*
peaches and cream pii·chis ænd kriim *melocotones con nata líquida*
peanut pii·nat *cacahuete*
pear per *pera*
peeled piilt *pelado*
pepper pe·pər *pimienta*
peppercorn pe·pər·korn *pimienta en grano*
perch perch *perca*
pheasant fesnt *faisán*
pickles pi·kəls *encurtidos*
pie pai *pastel, tarta*
 — **apple crumble** æpl kram·bəl *pastel de manzana asada y pasta quebrada*
 — **apple pie** æpl pai *pastel de manzana*
 — **rhubarb crumble** ru·barb kram·bəl *pastel de ruibarbo y pasta quebrada*
 — **banoffee pie** ba·no·fi pai *pastel de tofe, nata y plátano*
pie pai *especie de empanada*
 — **steak and kidney pie** steik ænd kid·ni pai *pastel de riñones y carne*
 — **liver and bacon pie** li·vər ænd bei·kən pai *pastel de hígado y bacón*
 — **shepherd's pie** she·fərs pai *pastel de carne de ternera picada y puré de patata*
 — **mince pie** mins pai *pastel de picadillo de fruta*
 — **meat pie** miit pai *pastel de ciervo*
 — **cottage pie** ko·tich pai *pastel de carne picada y puré de patata*

pigeon pi·yən *pichón*

pike paik *lucio*

pineapple pai·næ·pəl *piña*

pinenut pain·nat *piñón*

pinto bean pin·tou biin *pinta*

pistachio nut pis·ta·kiou nat *pistacho*

plaice pleis *platija*

ploughman's lunch plau·məns lanch *plato de pan con queso y encurtidos; almuerzo habitual en el pub*

plum plam *ciruela*

— **prune** prun *ciruela pasa*

pomegranate pom·græ·nit *granada*

popcorn pop·korn *palomitas de maíz*

pork sausage pork so·sich *salchicha*

pork pork *cerdo*

porridge po·rrich *copos de avena u otros cereales, cocido en leche o agua, típico para el desayuno*

potatoes pə·tei·tous *patatas*

— **roast potatoes** roust pə·tei·tous *patatas asadas alrededor de la carne en el horno*

— **boiled potatoes** boilt pə·tei·tous *patatas hervidas*

— **crisps** krisps *patatitas de bolsa*

— **French fries** french frais *patatas fritas*

— **baby roast potatoes** bei·bi roust pə·tei·tous *patatas nuevas pequeñas horneadas con piel en mantequilla, ajo y perejil*

— **jacket potatoes** yakt pə·tei·tous *patatas asadas con piel y con relleno a escoger; son muy típicas*

poultry poul·tri *aves*

prawns prons *gambas*

— **grilled prawns** grilt prons *gambas a la plancha*

— **prawns tempura** prons tem·pu·ra *gambas en gabardina*

preservatives pri·ser·və·tivs *conservantes*

pudding pu·diŋ *pudin*

— **bread and butter pudding** bred ænd ba·tər pu·diŋ *budín de pan, mantequilla, leche y pasas, gratinado al horno*

— **steak and kidney pudding** steik ænd kid·ni pu·diŋ *budín de carne y riñones*

— **treacle pudding** trii·kəl pu·diŋ *budín dulce de melaza*

— **Christmas pudding** kris·məs pu·diŋ *pastel de Navidad de bizcocho, jengibre, frutos secos y frutas escarchadas; es muy denso*

— **Yorkshire pudding** york·shiə pu·diŋ *torta de pasta hecha de harina y leche que se sirve con el roast beef tradicional*

pumpkin pamp·kin *calabaza*

Q

quail kueil *codorniz*

quince kuins *membrillo*

R

rabbit ræ·bit *conejo*

rabbit stew ræ·bit stiu *guiso de conejo*

radish ræ·dish *rábano*

rare rer *poco hecho*

raspberry ras·bə·rri *frambuesa*

razor clam rei·sar klæm *navaja*

red bream red briim *besugo*

red mullet red ma·lit *salmonete*

rhubarb ru·barb *ruibarbo*

ribs ribs *costillas*

rice rais *arroz*

— **brown rice** braun rais *arroz integral*

— **jerk chicken** yerk chi·ken *arroz con pollo, plato tradicional jamaicano*

— **long-grain rice** loŋ·grein rais *arroz de grano largo*

— **pilau rice** pi·lau rais *arroz tradicional hindú*

— **risotto** ri·sou·tou *risotto*

— **rice pudding** rais pu·diŋ *arroz con leche*

rich rich *muy fuerte (salado), empalagoso (dulce)*

roast meat roust miit *asado de carne*
  — **roast beef** roust biif *asado de ternera, con verduras, patatas al horno, salsa de carne y Yorkshire, comida familiar de domingo*
  — **roast chicken** roust chi·ken *asado de pollo con verduras, patatas al horno, salsa de carne; plato típico de domingo*
  — **roast lamb** roust lamb *asado de cordero*
  — **roast pork** roust biif *asado de cerdo*
roasted peppers roust pe·pərs *pimientos asados*
rocket ro·kit *rúcola*
root ruut *raíz*
rosemary rous·mə·ri *romero*
round (of beef) raund (of biif) *redondo (de ternera)*
rump steak ramp steik *filete de cadera*

S

sage seich *salvia*
salad sæ·ləd *ensalada*
  — **salad dressing** sæ·ləd dre·siŋ *aliño de la ensalada*
  — **Ceasar salad** si·sar sæ·ləd *ensalada con pollo, parmesano y picatostes, aliñada con salsa César.*
  — **Coleslaw** ko·ləs·lou *ensalada de col, zanahoria, cebolla, mayonesa y yogur*
  — **mixed salad** mikst sæ·ləd *ensalada mixta*
  — **seasonal salad** sii·sə·nəl sæ·ləd *ensalada del tiempo*
  — **tricolour salad** tri·ka·lər sæ·ləd *ensalada de tomate, aguacate y mozzarella*
  — **potato salad** pə·tei·tou sæ·ləd *ensalada de patatas*
  — **fruit salad** frut sæ·ləd *macedonia*
salmon sæ·mən *salmón*

  — **smoked salmon** smoukt sæ·mən *salmón ahumado*
salted pork sol·tid pork *tocino*
sandwich sæn·uich *emparedado, sándwich*
sardines sar·dins *sardinas*
sauce sos *salsa*
  — **horseradish sauce** hors·ræ·dish sos *salsa de rábano picante que suele servirse con el roast beef*
  — **sweet and sour sauce** suiit ænd sauər sos *salsa agridulce*
  — **hollandaise sauce** ho·lan·des sos *salsa holandesa*
  — **mayonnaise sauce** me·ya·neis sos *mayonesa*
  — **tartar sauce** tar·tar sos *salsa tártara*
  — **tomato sauce** tə·ma·tou sos *salsa de tomate*
  — **Worcestershire sauce** gus·tə·sha sos *salsa Worcestershire*
  — **parsley & garlic sauce** pars·li ænd gar·lik sos *salsa verde*
  — **white sauce** uait sos *salsa de pan, harina y leche*
  — **mint sauce** mint sos *salsa de menta; se sirve con cordero*
  — **apple sauce** æpl sos *salsa de manzana; se sirve con cerdo*
salty sol·ti *salado*
scampi skæm·pi *gambas a la gabardina*
scones skons *bollos dulces tradicionales que se toman con el té, se rellenan de nata fresca y mermelada*
scorpion fish skor·piən fish *cabracho*
sea bass sii bas *lubina*
sea bream sii briim *besugo*
sea trout sii traut *reo*
seafood products sii·fuud pro·dakts *productos del mar*
seaweed sii·uid *algas*
shallot sha·lot *chalota*
shellfish shel·fish *marisco*

shortbread shor·bred *tradicionales galletas escocesas de mantequilla*

sirloin ser·loin *solomillo*

skinned skind *sin piel*

slice slais *loncha*

soft soft *blando*

sole soul *lenguado*

sorbet sor·bit *sorbete*

soup sopa, *son más espesas que las españolas; parecidas a las cremas*
  — **soup of the day** suup of də dei *sopa del día*
  — **leek and potato soup** liik ænd pə·tei·tou suup *sopa de puerro y patata; es muy típica*
  — **lentil and bacon soup** len·təl ænd bei·kən suup *sopa de lentejas y bacón*
  — **cheese and onion soup** chiis ænd a·niən suup *sopa de queso y cebolla*
  — **carrot and coriander soup** kæ·rrot ænd ko·riæn·dər suup *sopa de zanahoria y cilantro*
  — **wild mushroom soup** uaild mash·ruum suup *crema de setas*

soy bean soi biin *soja*

spaghetti spə·ge·ti *espaguetis*

spices spai·sis *especias*

spinach spi·nich *espinacas*

sponge cake spanch keik *bizcocho*

squid skuid *calamar*

steak steik *bistec, filete*
  — **steak and chips** steik ænd chips *bistec con patatas*
  — **grilled beef steak** grilt biif steik *bistec a la parrilla*
  — **veal steak** viil steik *bistec de ternera (carne blanca)*

steamed stiimt *al vapor*

stew stiu *guiso*
  — **chicken & vegetable stew** chi·ken ænd ve·yi·tə·bəl stiu *guiso de pollo y verduras*
  — **lamb stew** læmb stiu *guiso de cordero*

stewed ox tail stiut oks teil *guiso de rabo de buey*

strawberry stro·bə·rri *fresa*

streaky bacon strii·ki bei·kən *panceta*

stuffing sta·fiŋ *relleno*

suckling pig sa·kliŋ pig *cochinillo*

sugar shu·gər *azúcar*
  — **brown** braun *azúcar moreno*
  — **white** uait *azúcar blanquilla*
  — **raw** roo *azúcar de caña*

Sunday roast san·di roust *roast beef, roast chicken, roast lamb o roasted pork; se le llama así porque es tradición comerlo los domingos*

sweet suit *dulce*

sweet potato suit pə·tei·tou *boniato*

sweetbreads suit·breds *mollejas*

swordfish sord·fish *pez espada*

T

tangerine tæn·ya·rin *mandarina*

tart tart *tarta, siempre se sirven con nata o custard, crema pastelera muy líquida*
  — **almond tart** a·mənd tart *tarta de almendras*

tartlet tar·tlit *tartaleta*

tasty teis·ti *sabroso*

tender ten·dər *tierno*

thyme taim *tomillo*

toad in the hole toud in də ħoul *salchichas dentro de una cesta de pasta, parecida al Yorkshire pudding, bañadas con salsa de carne*

tomato tə·ma·tou *tomate*
  — **plum tomato** plan tə·ma·tou *tomate (de) pera*
  — **tinned tomato sauce** tind tə·ma·tou sos *tomate frito en lata*
  — **tinned whole tomatoes** tind ħoul tə·ma·tous *tomates enteros y pelados en lata*

tongue tang *lengua*

trifle traifl *bizcocho borracho con frutas y crema pastelera*

trout traut *trucha*

truffle trafl *trufa*

tuna tiu·nə *atún*

tuna mayo tiu·nə me·you *bonito con mayonesa*

turbot ter·bət · bril *rodaballo*

turkey ter·ki *pavo*

turnip ter·nip *nabo*

V

vanilla və·ni·lə *vainilla*

veal viil *ternera joven, carne blanca*

vegetables ve·yi·tə·bls *hortalizas, verduras*

venison ve·ni·sn *venado*

vine leaf vain liif *hoja de parra*
  — stuffed staft *hojas de parra rellenas de arroz, típicamente árabes y griegas*

vinegar vi·ni·gər *vinagre*

W

waffle uafl *gofre*

water uo·tər *agua*

watercress uo·tər·kres *berro*

watermelon uo·tər·me·lən *sandía*

well done uel don *bien hecho*

wheat uiit *trigo*

white bean uait biin *habichuela*

white mushrooms uait mash·ruums *champiñones*

white pudding uait pu·diŋ *salchicha de carne de cerdo, cereales y especias*

white tuna uait tiu·nə *bonito*

whitebait uait·bait *pescadito frito*

whiting ui·tiŋ · yauŋ ɦeik *pescadilla*

wild boar uaild bor *jabalí*

wild mushrooms uaild mash·ruums *setas*

with soy uiz soi *con o de soja*

wraps ræps *especie de bocadillo envuelto en una tortita tipo mexicana o pita*

Y

yoghurt yo·gərt *yogur*

Z

zucchini su·ki·ni *calabacín*

urgencias

emergencies

¡Socorro!	*Help!*	help
¡Pare!	*Stop!*	stop
¡Vete!	*Go away!*	gou ə·uei
¡Ladrón!	*Thief!*	ziif
¡Fuego!	*Fire!*	fa·yər
¡Cuidado!	*Watch out!*	uoch aut

Es una emergencia.
It's an emergency. — its æn i·mer·yən·si

¡Llame a la policía!
Call the police! — kol ðə po·lis

¡Llame a un médico!
Call a doctor! — kol æ dok·tər

¡Llame una ambulancia!
Call an ambulance! — kol æn am·biu·lans

Estoy enfermo/a.
I'm ill. — aim il

Mi amigo/a está enfermo/a.
My friend is ill. — mai frend is il

¿Me puede ayudar, por favor?
Could you help — kud yu help
me, please? — mi pliis

Necesito usar el teléfono.
I have to use   ai hæv tu ius
the telephone.   də *te*·le·foun

Estoy perdido/a.
I'm lost.   aim lost

¿Dónde están los servicios?
Where are   uer ar
the toilets?   də *toi*·lets

---

el metro

Conocido popularmente como *the tube* (də tiub), el metro de Londres es el más antiguo del mundo y el de más recorrido. Se divide en seis zonas que se extienden en círculos concéntricos desde el centro de la ciudad. Otra característica especial de este sistema de transporte es que por un mismo andén pueden pasar trenes que van a diferentes lugares, de modo que es importante asegurarse de cuál es el destino del tren.

Al viajar en metro, se podrá oír constantemente la frase *mind the gap* (maind də gap), que se emplea para recordar a los viajeros que deben prestar atención a la separación entre el vagón y la plataforma.

---

policía

police

En caso de emergencia, se puede llamar a la policía, ya que ésta podrá contactar con otros servicios de emergencia (bomberos, ambulancia...). Para más información sobre cómo hacer una llamada telefónica, véase **comunicaciones**, en p. 81.

¿Dónde está la comisaría?
Where's the   uer is də
police station?   po·*lis stei*·shən

Quiero denunciar un delito.
I want to report an offence.
ai uont tu ri·*port* æn ə·*fens*

(Él/Ella) Intentó asaltarme.
He/she tried to assault me.
ḥi/shi traid tu ə·*solt* mi

(Él/Ella) Intentó robarme.
He/she tried to rob me.
ḥi/shi traid tu rob mi

Me han robado.
I've been robbed.
aiv biin robt

Me han violado.
I've been raped.
aiv biin reipt

Me han robado mi ...
My ... was stolen.
Mai ... uos *stou*·len

Me han robado mis ...
My ... were stolen.
Mai ... uer *stou*·len

He perdido ...	*I've lost my ...*	aiv lost mai ...
mis maletas	*bags*	bægs
mi dinero	*money*	*mo*·ni
mi pasaporte	*passport*	*pas*·port

Lo siento.
I apologise.
ai ə·*po*·lo·yais

No sabía que estaba haciendo nada malo.
I didn't realise I was doing anything wrong.
ai didnt *ri*·ə·lais ai uos doiŋ e·ni·ziŋ roŋ

Soy inocente.
I'm innocent.
aim *i*·no·sent

(No) Entiendo.
I (don't) understand.
ai (dont) an·dərs·tænd

Quiero ponerme en contacto con mi embajada/consulado.
I want to contact my embassy/consulate.
ai uont tu *kon*·takt mai *em*·ba·si /*kon*·su·leit

¿Puedo llamar a un abogado?
Can I call a lawyer?   kæn ai kol æ *lo*·yər

Necesito un abogado que hable español.
I need a lawyer   ai niid æ *lo*·yər
who speaks Spanish.   hu spiiks *spa*·nish

¿Podemos pagar una multa al contado?
Can I pay an   kæn ai pei æn
on-the-spot fine?   on·ðə·spot fain

Esta droga es para uso personal.
This drug is for   ðis drag is for
personal use.   *per*·son·nal ius

Tengo receta para esta droga.
I have a prescription   ai hæv æ pres·*krip*·shən
for this drug.   for ðis drag

¿De qué me acusan?
What am I accused of?   uot am ai ə·*kiusd* of

---

la policía puede decir ...

El plazo de su visado ha expirado.
You have overstayed   yu hæv ou·vər·steid
your visa.   yor *vi*·sa

Se le acusa de ...
You'll be charged with ...   yul bi charcht uiz ...

(A él/ella) Se le acusa de ...
He'll/She'll be   hil/shil bi
charged with ...   charcht uiz ...

asalto	*assault*	ə·*solt*
posesión	*possession*	po·*se*·shən
(de sustancias	*(of illegal*	(of i·*li*·gəl
ilegales)	*substances)*	sabs·tan·sis)
hurto	*shoplifting*	*shop*·lif·tiŋ
exceso de		
velocidad	*speeding*	*spii*·diŋ

el médico

doctor

¿Dónde está ...	Where's the	uers ðə
más cercano/a?	nearest ...?	nii·rest ...
la farmacia	chemist	ke·mist
el dentista	dentist	den·tist
el médico	doctor	dok·tər
el hospital	hospital	hos·pi·təl
el ambulatorio	medical centre	me·di·kəl sen·tər
el oculista	optometrist	op·to·mə·trist

Estoy vacunado/a contra ...
I've been   aiv biin
vaccinated for ...   væk·si·nei·tid for ...

Está vacunado/a	He's/she's been	his/shis biin
contra ...	vaccinated for ...	væk·si·nei·tid for ...
el tétanos	tetanus	te·tə·nəs
el tifus	typhoid	tai·foid
la hepatitis	hepatitis	he·pə·tai ·tis
A/B/C	A/B/C	ei/bi/si
la fiebre ...	... fever	fi·vər ...

Necesito un médico (que hable español).
I need a doctor   ai niid æ dok·tər
(who speaks Spanish).   (hu spiiks spa·nish)

Estoy enfermo/a.
I'm sick.   aim sik

¿Puede verme una médico?
Could I see a female   kud ai sii æ fi·meil
doctor?   dok·tər

Para información sobre enfermedades femeninas, véase **salud de la mujer,** en p. 185.

el médico puede preguntar ...

¿Qué le pasa?
What's the problem? — uots ðə *pro*·blem

¿Dónde le duele?
Where does it hurt? — uer das it ḥart

¿Tiene fiebre?
Do you have — du yu ḥæv
a temperature? — æ *tem*·prə·chər

¿Desde cuándo se siente así?
How long have you been — ḥau loŋ ḥæv yu biin
like this? — laik ðis

¿Ha tenido esto antes?
Have you had — ḥæv yu ḥad
this before? — ðis bi·*for*

¿Ha tenido relaciones sexuales sin protección?
Have you had — ḥæv yu ḥad
unprotected sex? — an·pro·*tek*·tid seks

¿Es usted alérgico?
Are you allergic? — ar yu ə·*ler*·yik

¿Está tomando alguna medicación?
Are you on — ar yu on
medication? — me·di·*kei*·shən

Debe ingresar en un hospital.
You need to be admitted — yu niid tu bi əd·*mi*·tid
to hospital. — in æ ḥos·pi·təl

¿Cuánto tiempo va a estar de viaje?
How long are you — ḥau loŋ ar yu
travelling for? — *tra*·və·liŋ for

Debería revisarlo cuando vuelva a casa.
You should have it — yu shud ḥæv it
checked when you — chekt uen yu
go home. — gou ḥom

¿Usted ...? — *Do you ...?* — du yu ...
  bebe — *drink* — drink
  fuma — *smoke* — smouk
  toma drogas — *take drugs* — teik drags

Se me ha acabado la medicación.
   I've run out of   aiv ran aut of
   my medication.   mai me·di·*kei*·shən

Éste es mi medicamento habitual.
   This is my usual medicine.   đis mai *iu*·shuəl *med*·sin

No quiero que me hagan una transfusión de sangre.
   I don't want   ai dont uont
   a blood transfusion.   æ blad træns·*fiu*·shən

Por favor, use una jeringuilla nueva.
   Please use a new syringe.   pliis ius æ niu si·*rinch*

Necesito ... nuevas. *I need new ...*   ai niid niu ...
   gafas   *glasses*   *gla*·sis
   lentillas   *contact lenses*   *kon*·takt *len*·sis

Para más información sobre precios y recibos, véase **de compras**, en p. 73.

síntomas

simptoms & conditions

Tengo ...
   I have ...   ai ḥæv ...

Hace poco he tenido ...
   I've recently had ...   aiv *ri*·sen·tli ḥad ...

Tengo antecedentes de ...
   There's a history of ...   đers æ *ḥis*·tə·ri of ...

Tomo medicación	I'm on regular	aim on *re*·giu·lar
para ...	medication for ...	me·di·*kei*·shən for ...
el asma	asthma	æs·mə
la diarrea	diarrhoea	daiə·*rri*·ə
la fiebre	fever	*fi*·vər
la infección	infection	in·*fek*·shən
la torcedura	sprain	sprein

Me duele aquí.
It hurts here.   it ḥarts ḥiər

Me han herido.
I've been injured.   aiv biin *in*·yərd

He estado vomitando.
I've been vomiting.   aiv biin *vo*·mi·tiŋ

Estoy deshidratado/a
I'm dehydrated.   aim di·ḥai·*drei*·tid

No puedo dormir.
I can't sleep.   ai kant sliip

Me parece que son los medicamentos que estoy tomando.
I think it's the medication   ai zink its ðə me·di·*kei*·shən
I'm on.   aim on

Me siento ...	I feel ...	ai fiil ...
mejor	better	*be*·tər
deprimido/a	depressed	di·*prest*
mareado/a	dizzy	*di*·si
destemplado/a	shivery	*shi*·və·ri
raro/a	strange	streinch
débil	weak	uiik
peor	worse	uors

Para más información sobre síntomas, véase **diccionario**.

salud de la mujer

Creo que estoy embarazada.
I think I'm   ai zink aim
pregnant.   preg·nant

Hace … semanas que no me viene la regla.
I haven't had my   ai ḥa·vent ḥad mai
period for … weeks.   pi·riod for … uiiks

Necesito una prueba de embarazo.
I need a   ai niid æ
pregnancy test.   preg·nan·si test

Tomo la píldora.
I'm on the Pill.   aim on ðə pil

He notado que tengo un bulto aquí.
I've noticed   aiv no·tist
a lump here.   æ lamp ḥiər

Quisiera …   *I need …*   ai niid …
  usar algún método
    anticonceptivo   *contraception*   kon·trə·sep·shən
  tomar la píldora   *the morning-*   ðə mor·niŋ
    del día siguiente   *after pill*   af·tər pil

el médico puede decir ...

¿Está embarazada?
Are you pregnant? — ar yu *preg*·nant

Está embarazada.
You're pregnant. — yur *preg*·nant

¿Cuándo le vino la regla por última vez?
When did you last — uen did yu last
have your period? — hæv yor *pi*·riod

¿Usa anticonceptivos?
Are you using — ar yu *iu*·siŋ
contraception? — kon·tra·*sep*·shən

¿Tiene la regla?
Do you have — du yu hæv
your period? — yor *pi*·riod

alergias

allergies

Soy alérgico/a ...	I'm allergic to ...	aim ə·*ler*·yik tu ...
Es alérgico/a ...	He's/she's allergic to ...	his/shis ə·*ler*·yik tu ...
a los antibióticos	antibiotics	æn·ti·bai·o·tiks
a los anti-inflamatorios	anti-inflammatories	æn·ti·in·*flæ*·mə·tə·ris
a la aspirina	aspirin	æs·*prin*
a las abejas	bees	biis
a la codeína	codeine	*kou*·diin
a las nueces	nuts	nats
a los cacahuetes	peanuts	*pii*·nats
a la penicilina	penicillin	pe·ni·si·lin
al polen	pollen	*po*·lən

Para más información sobre alergias provocadas por alimentos, véase **dietas especiales y alergias,** en p. 164.

Tengo una alergia en la piel.
I have a skin allergy.
ai ḥæv æ skin æ ·ler·yi

Estoy a régimen.
I'm on a special diet.
aim on æ *spe*·shəl daiet

inhalador	*inhaler*	in·*ḥei*·lər
inyección	*injection*	in·*yek*·shən
antihistamínicos	*antihistamines*	æn·ti·*ḥis*·tə·mins

tratamientos alternativos

alternative treatments

No uso la medicina occidental.
I don't use Western medicine.
ai dont ius *ues*·tern *med*·sin

Prefiero ...
I prefer ...
ai *pri*·fer ...

¿Puedo ver a alguien que practique ...?
Can I see someone who practises ...?
kæn ai sii *som*·uan ḥu *præk*·ti·sis ...

---

la farmacia

Las farmacias inglesas son autoservicios en los que se puede encontrar desde osos de peluche hasta productos de limpieza para el hogar. Para obtener un medicamento que requiere receta, el viajero debe ir a un mostrador especial donde le darán en un botecito las pastillas exactas que debe tomar, ni una más ni una menos.

partes del cuerpo

parts of the body

Me duele ...
My ... hurts.

Mai ... ḥarts

No puedo mover ...
I can't move my ...

ai kant muv mai ...

Tengo calambres en ...
I have a cramp in my ...

ai ḥæv æ kræmp in mai ...

Mi ... está hinchado.
My ... is swollen.

mai ... is *suo*·len

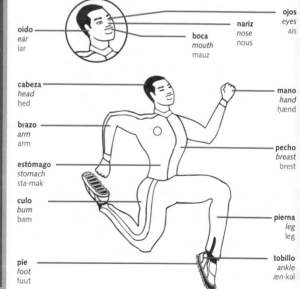

ojos
eyes
ais

nariz
nose
nous

oído
ear
iar

boca
mouth
mauz

cabeza
head
ḥed

mano
hand
ḥænd

brazo
arm
arm

pecho
breast
brest

estómago
stomach
sta·mək

culo
bum
bam

pierna
leg
leg

tobillo
ankle
æn·kəl

pie
foot
fuut

la farmacia

¿Hay alguna farmacia (de guardia) por aquí?
Is there a (night) — is ðər æ (nait)
chemist nearby? — ke·mist niər·bai

Necesito algo para …
I need — ai niid
something for … — som·ziŋ for …

¿Necesito receta para …?
Do I need a — du ai niid æ
prescription for …? — pres·krip·shən for …

Tengo receta médica.
I have a — ai hæv æ
prescription. — pres·krip·shən

¿Cuántas veces al día?
How many — hau me·ni
times a day? — taims æ dei

se podrá oír …

hæv yu *tei*·ken ðis bi·*for*
*Have you taken
this before?*
¿Ha tomado
esto anteriormente?

yu mast kom·*plit* ðə kors
*You must complete
the course.*
**Debe completar
el tratamiento.**

tuais æ dei (uiz fuud)
*Twice a day
(with food).*
**Dos veces al día
(con la comida).**

itl bi *re*·di tu pik ap in (*tuen*·ti *mi*·nits)
*It'll be ready to pick
up in (20 minutes).*
**Estará listo en
(veinte minutos).**

el dentista

Se me ha roto un diente.
I have a broken tooth. ai hæv æ *brou*·ken tuuz

Me duele una muela.
I have a toothache. ai hæv æ *tuuz*·eik

se podrá oír ...

ou·pən uaid
Open wide. **Abra.**

dont muv
Don't move. **No se mueva.**

rins
Rinse! **¡Enjuáguese!**

Se me ha caído un empaste.
I've lost a filling. aiv lost æ *fi*·liŋ

Me duelen las encías.
My gums hurt. mai gams hart

No quiero que me lo saquen.
I don't want it extracted. ai dont uont it eks·*træk*·tid

Necesito ...	*I need a/an ...*	ai niid æ/æn ...
anestesia	*anaesthetic*	æ·nis·ze·tik
un empaste	*filling*	*fi*·liŋ

A

a bordo *aboard* ə·bord
abajo *below* bi·lou
abanico *fan* fæn
abarrotado *crowded* krau·did
abeja *bee* bii
abierto/a *open* ou·pən
abogado/a *lawyer* lo·yər
aborto *abortion* ə·bor·shən
abrazo *hug* hag
abrebotellas *bottle opener* ba·təl ou·pə·nər
abrelatas *can opener* kæn ou·pə·nər • *tin opener* tin ou·pə·nər
abrigo *overcoat* ou·vər·kout
abrir *open* ou·pən
abuela *grandmother* grænd·mo·ðər
abuelo *grandfather* grænd·fa·ðər
aburrido/a *bored* bord • *boring* bo·riŋ
acabar *end* end
acampar *camp* kæmp
acantilado *cliff* klif
accidente *accident* æk·si·dent
aceite *oil* oil
aceptar *accept* ak·sept
acera *footpath* fuut·paz
acondicionador *conditioner* kən·di·sha·nər
acoso *harassment* hæ·rras·mənt
activista *activist* æk·ti·vist
actuación *performance* pər·for·mans
acupuntura *acupuncture* ə·kiu·pank·chər
adaptador *adaptor* ə·dæp·tər
adentro *incide in·said*
adivinar *guess* ges
administración *administration* ad·mi·nis·trei·shan
admitir *admit* əd·mit

adoración *worship* uor·ship
aduana *customs* kas·tams
adulto/a *adult* ə·dult
aeróbic *aerobics* e·ro·biks
aerolínea *airline* er·lain
aeropuerto *airport* er·port
afeitar (máquina de) *razor* rei·sər
afeitarse *shave* sheiv
afortunado/a *lucky* la·ki
África *Africa* æ·fri·ka
agencia de viajes *travel agency* tra·vəl ei·yən·si
agenda *diary* daia·ri
agente inmobiliario *real estate agent* riəl steit ei·yənt
agresivo/a *aggressive* ə·gre·siv
agricultor(a) *farmer* far·mər
agricultura *agriculture* ə·gri·kul·chər
agua *water* uo·tər
— **caliente** *hot water* hot uo·tər
— **mineral** *mineral water* mi·nə·rəl uo·tər
aguacate *avocado* æ·və·ka·dou
aguja *needle* nii·dəl
ahora *now* nau
ahorrar *save* seiv
aire *air* er
— **acondicionado** *air-conditioning* er kən·di·sha·niŋ
ajedrez *chess* ches
al lado de *next to* nekst tu
alambre *wire* uaiər
alba *dawn* don
albaricoque *apricot* ei·pri·kot
albergue juvenil *youth hostel* yuz hos·təl
alcachofa *artichoke* ar·ti·shouk
alcohol *alcohol* æl·kə·hol
Alemania *Germany* yer·ma·ni
alergia *allergy* æ·ler·yi

alergia al polen *hay fever* hei fi·vər
alfarería *pottery* po·tə·ri
alfombra *rug* rag
algo *something* som·ziŋ
algodón *cotton* ko·ton
alguien *someone* som·uan
algún *some* som
alguno/a *any* e·ni
almendras *almonds* a·mənds
almohada *pillow* pi·lou
almuerzo *lunch* lanch
alojamiento *accommodation*
  ə·ko·mo·dei·shən
alojarse *stay* stei
alpinismo *mountaineering*
  maun·te·nii·riŋ
alquilar *hire* hair • *rent* rent
alquiler *rent* rent
  — de coche *car hire* kar hair
altar *altar* ol·tər
alto/a *high* hai • *tall* tol
altura *altitude* æl·ti·tiud
ama de casa *homemaker* houm·mei·kər
amable *kind* kaind
amanecer *sunrise* san·rais
amante *lover* lo·vər
amarillo/a *yellow* ye·lou
amigo/a *friend* frend
ampolla *blister* blis·tər
anacardo *cashew nut* kæ·shiu nats
analgésicos *painkillers* pein·ki·lərs
análisis de sangre *blood test* blad test
anarquista *anarchist* æ·nər·kist
ancho/a *wide* uaid
andar *walk* uolk
animal *animal* æ·ni·mal
Año Nuevo *New Year* niu yiər
antes *before* bi·for
antibióticos *antibiotics* æn·ti·bai·o·tiks
anticonceptivos *contraceptives*
  kon·trə·sep·tivs
antigüedad *antique* æn·tik
antiguo/a *ancient* ein·shənt
antiséptico *antiseptic* æn·ti·sep·tik
antología *anthology* æn·zo·lo·yi

anuncio *advertisement*
  ad·ver·tais·mənt
aparcamiento *carpark* kar·park
apellido *surname* ser·neim
apéndice *appendix*
  ə·pen·diks
apodo *nickname* nik·neim
aprender *learn* lern
apretado/a *tight* tait
apuesta *bet* bet
apuntar *point* point
aquí *here* hiar
araña *spider* spai·dər
árbitro *referee* re·fə·rii
árbol *tree* trii
arena *sand* sænd
armario *cupboard* kap·bord
arqueológico/a *archaeological*
  ar·keo·lo·yi·kəl
arquitecto/a *architect* ar·ki·tekt
arquitectura *architecture*
  ar·ki·tek·chər
arriba *above* ə·bouv • *up* ap
arroyo *stream* striim
arroz *rice* rais
arte *art* art
  — gráfico *graphic art* græ·fik art
artes marciales *martial arts* mar·shəl
  arts
artesanía *crafts* krafts
artista *artist* ar·tist
ascensor *elevator* e·li·vei·tər
Asia *Asia* ei·sha
asiento *seat* siit
  — de seguridad para bebés *child
  seat* chaild siit
asma *asthma* æs·mə
aspirina *aspirin* æs·prin
atascado/a *blocked* blokt
atletismo *athletics* ə·zle·tiks
atmósfera *atmosphere* æt·məs·fiər
atún *tuna* tiu·nə
audífono *hearing aid* hiə·riŋ ed
Australia *Australia* os·trei·liə
autobús *bus* bas

autocar *bus* bas
autódromo *track* træk
autoservicio *self-service* self ser·vis
autovía *motorway* mou·tər·uei
avenida *avenue* æ·ve·niu
avergonzado/a *embarrassed* im·bæ·rrəst
avión *plane* plein
ayer *yesterday* yes·tər·dei
ayudar *help* help
azúcar *sugar* shu·gər
azul *blue* blu

B

bailar *dance* dans
bajo/a *short* short • *low* lou
balcón *balcony* bal·ko·ni
ballet *ballet* bæ·lei
baloncesto *basketball* bas·ket·bol
bálsamo aftershave *aftershave* af·tər·sheiv
bálsamo de labios *lip balm* lip balm
bañador *bathing suit* bei·ziŋ sut
banco *bank* bæŋk
bandera *flag* flæg
bañera *bath* baz
baño *bathroom* baz·ruum
bar *bar* bar
barato/a *cheap* chiip
barco *boat* bout
barrio *suburb* sa·berb
basura *rubbish* ra·bish
batería *battery (coche)* bæ·tə·ri • *drums (instrumento)* drams
bebé *baby* bei·bi
béisbol *baseball* beis·bol
beneficio *profit* pro·fit
berenjena *aubergine* ou·bər·yin • *eggplant* eg·plænt
besar *kiss* kis
beso *kiss* kis
biblia *bible* bai·bəl
biblioteca *library* lai·bre·ri
bicho *bug* bag
bici *bike* baik

bicicleta *bicycle* bai·si·kəl
   — de carreras *racing bike* rei·siŋ baik
   — de montaña *mountain bike* maun·tein baik
bien *well* uel
bienestar *welfare* uel·fer
bienvenida *welcome* uel·kam
billete *ticket* ti·ket
   — de ida y vuelta *return ticket* ri·tərn ti·ket
billetes de banco *banknotes* bæŋk·nouts
biografía *biography* bai·o·grə·fi
bisté *steak* steik
blanco y negro (film) *B&W (film)* blæk ænd uait (film)
blanco/a *white* uait
boca *mouth* mauz
bocado *bite* bait
boda *wedding* ue·diŋ
bodega *winery* uai·nə·ri • *liquor store* li·kar stor
bol *bowl* boul
bolas de algodón *cotton balls* ko·ton bols
bolígrafo *pen* pen
bollos (de pan) *rolls* rols
bolsillo *pocket* po·kit
bolso *bag* bæg • *handbag* hænd·bæg
bomba *pump* pamp • *bomb* bomb
bombilla *light bulb* lait balb
bondadoso/a *caring* ke·riŋ
bonito/a *pretty* pri·ti
borde *edge* ech
borracho/a *drunk* drank
bosque *forest* fo·rest
botas *boots* buts
   — de montaña *hiking boots* hai·kiŋ buts
botella *bottle* ba·təl
botones *buttons* ba·tons
boxeo *boxing* bok·siŋ
bragas *underpants* an·dər·pænts
brazo *arm* arm
broma *joke* youk

bronceador *tanning lotion* tæ·niŋ lou·shən

bronquitis *bronchitis* bron·*kai*·tis

brotes de soja *bean sprouts* biin sprauts

brújula *compass* kom·pəs

brumoso *foggy* fo·gi

buceo *snorkelling* snor·kə·liŋ

budista *Buddhist* bu·dist

bueno/a *good* guud

bufanda *scarf* skarf

buffet *buffet* bo·fei

bulto *lump* lamp

burlarse de *make fun of* meik fan of

burro *donkey* don·ki

buscar *look for* luuk for

buzón *mailbox* meil·boks

C

caballo *horse* ḥors

cabeza *head* ḥed

cabina telefónica *phone box* foun boks

cable *cable* kei·bəl

cables de arranque *jumper leads* yam·pər liids

cabra *goat* gout

cacahuetes *peanuts* pii·nats

cacao *cocoa* kou·kou

cachorro *puppy* pa·pi

cada *each* iich

cadena de bici *bike chain* baik chein

café *coffee* ko·fi • *café* kæ·*fei*

caída *fall* fol

caja *box* boks • *cashier* kæ·shiər

   — fuerte *safe* seif

   — registradora *cash register* kæsh re·yis·tər

cajero automático *automatic teller machine* o·tə·mæ·tik te·lər mə·shin

calabacín *zucchini* su·ki·ni • *courgette* kur·yet

calabaza *pumpkin* pamp·kin

calcetines *socks* soks

calculadora *calculador* kæl·kiu·lei·tər

caldo *stock* stok

calefacción central *central heating* sen·trəl ḥii·tiŋ

calendario *calendar* kæ·lən·dər

calidad *quality* kua·li·ti

caliente *hot* ḥot

calle *street* striit

calor *heat* ḥiit

calzoncillos *underpants* an·dər·pænts

calzones *boxer shorts* bok·sər shorts

cama *bed* bed

   — de matrimonio *double bed* da·bəl bed

cámara *camera* kæ·mə·rə

cámara de aire *tube* tiub

camarero/a *waiter* uei·tər

cambiar *change* cheinch • *exchange* eks·cheinch

cambio *loose change* luus cheinch

   — de dinero *currency exchange* ka·rren·si eks·cheinch

caminar *walk* uolk

camino *trail* treil • *way* uei

caminos rurales *hiking routes* ḥai·kiŋ ruts

camión *truck* trak

camisa *shirt* shert

camiseta *singlet* siŋ·glet • *T-shirt* ti shert

cámping *campsite* kæmp·sait

campo *countryside* kaun·tri·said • *field* fild

Canadá *Canada* ka·na·da

canasta *basket* bas·ket

cancelar *cancel* kæn·səl

cáncer *cancer* kæn·sər

canción *song* soŋ

candado *padlock* pæd·lok

cangrejo *crab* kræb

cansado/a *tired* taiəd

cantante *singer* siŋ·gər

cantar *sing* siŋ

cantimplora *water bottle* uo·tər ba·təl

capa de ozono *ozone layer* ou·soun lei·ər

capilla *shrine* shrain

capote *cloak* klouk
cara *face* feis
caracol *snail* sneil
caramelos *lollies* lo·lis
caravana *caravan* kæ·rə·væn • *van* væn
  • *traffic jam* tra·fik yæm
cárcel *prison* pri·sən
cardenal *bruise* brus
cardiopatía *heart condition* ḥart
  kon·di·shən
carne *meat* miit
  — **de vaca** *beef* biif
  — **picada** *mince meat* mins miit
carné *licence* lai·sens
  — **de identidad** *identification card*
  ai·den·ti·fi·kei·shən kard
  — **de conducir** *driver licence* drai·vər
  lai·sens
carnicería *butcher's shop* bat·chərs
  shop
caro/a *expensive* iks·pæn·siv
carpintero *carpenter* kar·pin·tər
carrera *race* reis
carta *letter* le·tər
cartas *cards* kards
cartón *carton* kar·tən • *cardboard*
  kard·bord
casa *house* ḥaus
(en) casa *(at) home* (æt) ḥom
casarse *marry* mæ·rri
cascada *waterfall* uo·tər·fol
casco *helmet* ḥel·mət
casete *cassette* kæ·set
casi *almost* ol·moust
casino *casino* kə·si·nou
castigar *punish* pa·nish
castillo *castle* ka·səl
catedral *cathedral* kə·zi·drəl
católico/a *Catholic* kæ·zə·lik
caza *hunting* ḥan·tiŋ
cazuela *pot* pot
cebolla *onion* a·niən
celebración *celebration* se·li·brei·shən
celebrar *celebrate* se·li·breit
celoso/a *jealous* ye·ləs

cementerio *cemetery* se·mi·tri
cena *dinner* di·nər
cenicero *ashtray* æsh·trei
centavo *cent* sent
centímetro *centimetre* sen·ti·mi·tər
central telefónica *telephone centre*
  te·le·foun sen·tər
centro *centre* sen·tər
  — **comercial** *shopping centre* sho·piŋ
  sen·tər
  — **de la ciudad** *city centre* si·ti sen·tər
cepillo *hairbrush* ḥer·brash
  — **de dientes** *toothbrush* tuuz·brash
cerámica *ceramic* sə·ra·mik
cerca *fence* fens
cerca *near* niər • *nearby* niər·bai
cerdo *pork* (carne) pork • *pig* (animal)
  pig
cereales *cereal* si·riəls
cerillas *matches* ma·chis
cerrado/a *closed* kloust
  — **con llave** *locked* lokt
cerradura *lock* lok
cerrar *close* klous • *lock* lok• *shut* shat
certificado *certificate* sər·ti·fi·kit
cerveza *beer* bi·ər
  — **rubia** *lager* la·gər
cibercafé *Internet café* in·tər·net kæ·fei
ciclismo *cycling* sai·kliŋ
ciclista *cyclist* sai·klist
ciego/a *blind* blaind
cielo *sky* skai
ciencias *science* saiens
científico/a *scientist* saien·tist
cigarrillo *cigarette* si·gə·rret
cigarro *cigar* si·gar
cine *cinema* si·nə·ma
cinta de vídeo *video tape* vi·diou teip
cinturón de seguridad *seatbelt* siit·belt
circuito de carreras *racetrack* reis·træk
ciruela *plum* plam
  — **pasa** *prune* prun
cistitis *cystitis* sis·tai·tis
cita *appointment* ə·point·mənt
citarse *date* deit

citología *pap smear* pæp smiər
ciudad *city* si·ti
ciudadanía *citizenship* si·ti·sen·ship
clase preferente *business class* bis·nis klas
clase turística *economy class* i·ko·na·mi klas
clásico/a *classical* klæ·si·kəl
cliente/a *client* klaient
clínica *private hospital* prai·vet hos·pi·təl
cobrar (un cheque) *cash (a cheque)* kæsh (æ chek)
coca *cocaine* kou·kein
cocaína *cocaine* kou·kein
coche *car* kar
 — cama *sleeping car* slii·piŋ kar
cocina *kitchen* ki·chen • *stove* stouv
cocinar *cook* kuuk
cocinero *chef* chef • *cook* kuuk
coco *coconut* kou·ko·nat
codeína *codeine* kou·diin
código postal *post code* poust koud
cojonudo/a *fantastic* fæn·tæs·tik
col *cabbage* kæ·bich
cola *queue* kiu
colchón *mattress* ma·tres
colega *colleague* ko·liig • *mate* meit
coles de Bruselas *Brussels sprouts* bra·sels sprauts
coliflor *cauliflower* ka·li·fla·uər
colina *hill* hil
collar *necklace* nek·les
color *colour* ka·lar
comedia *comedy* ko·mə·di
comenzar *begin* be·gin • *start* start
comer *eat* iit
comerciante *business person* bis·nis per·son
comercio *trade* treid
comezón *itch* ich
comida *food* fuud
 — de bebé *baby food* bei·bi fuud
 — en el campo *picnic* pik·nik
comisaría *police station* pə·lis stei·shən
cómo *how* hau
cómodo/a *confortable* kom·for·tə·bəl

cómpact *CD* si di
compañero/a *companion* kəm·pæ·niən
compañía *company* kom·pə·ni
compartir *share (with)* sher (uiz)
comprar *buy* bai
comprender *understand* an·dərs·tænd
compresas *sanitary napkins* sæ·ni·tə·ri næp·kins
compromiso *engagement* in·geich·mənt
comunión *communion* ko·miu·nion
comunista *communist* ka·miu·nist
con *with* uiz
coñac *brandy* bræn·di
concentración *rally* ra·li
concierto *concert* kon·sert
condones *condoms* kon·doms
conducir *drive* draiv
conejo *rabbit* ra·bit
conexión *connection* kə·nek·shən
confesión *confession* kən·fe·shən
confianza *trust* trast
confiar *trust* trast
confirmar *confirm* kən·firm
conocer *know* nou
conocido/a *famous* fei·məs
consejo *advine* ad·vais
conservador(a) *conservative* kən·ser·va·tiv
consigna *left luggage* left la·gich
 — automática *luggage lockers* la·gich lo·kers
construir *build* bild
consulado *consulate* kon·su·leit
contaminación *pollution* pə·lu·shən
contar *count* kaunt
contestador automático *answering machine* æn·sə·riŋ mə·shin
contrato *contract* kon·trakt
control *checkpoint* chek·point
convento *convent* kon·vənt
copa *drink* drink
 — de vino *wineglass* uain·glas
Copa Mundial *World Cup* uold kap
copos de maíz *corn flakes* korn fleiks
corazón *heart* hart
cordero *lamb* læmb

cordillera *mountain range* maun·tin reinch

correcto/a *right* rait

correo *mail* meil

— **urgente** *express mail* eks·pres meil

correos *post office* poust o·fis

correr *run* ran

corriente *current (electricity)* ka·rrent (i·lek·tri·si·ti)

corriente *ordinary* or·di·nə·ri

corrupto/a *corrupt* kə·rrapt

cortar *cut* kat

cortauñas *nail clippers* neil kli·pərs

corto/a *short* short

cosecha *crop* krop

coser *sew* səu

costa *coast* koust • *seaside* sii·said

costar *cost* koust

crecer *grow* grou

crema *cream* kriim

— **hidratante** *cream (moisturising)* kriim (mos·tiu·rai·siŋ)

— **solar** *sunblock* san·blok

críquet *cricket* kri·ket

cristiano/a *Christian* kris·tiən

crítica *review* ri·viu

cruce *intersection* in·tər·sek·shən

crudo/a *raw* roo

cuaderno *notebook* nout·buuk

cuando *when* uen

cuánto *how much* hau mach

cuarentena *quarantine* kua·rən·tin

Cuaresma *Lent* lent

cuarto *quarter* kuor·tər

cubiertos *cutlery* ka·tlə·ri

cubo *bucket* ba·ket

cucaracha *cockroach* ko·krouch

cuchara *spoon* spuun

cucharilla *teaspoon* tiis·puun

cuchillas de afeitar *razor blades* rei·sər bleids

cuchillo *knife* naif

cuenta *bill* bil

— **bancaria** *bank account* bæŋk ə·kaunt

cuento *story* sto·ri

cuerda *rope* roup • *string* striŋ

— **para tender la ropa** *clothes line* klouzs lain

cuero *leather* le·ðər

cuerpo *body* bo·di

cuesta abajo *downhill* daun·hil

cuesta arriba *uphill* ap·hil

cuestionar *question* kues·tion

cuevas *caves* keivs

cuidar *care for* ker for • *mind (objetos)* maind

cuidar de *care for* ker for

culo *bum* bam

culpable *guilty* gil·ti

cumbre *peak* piik

cumpleaños *birthday* berz·dei

currículum *resumé* rei·siu·mei

curry *curry* ka·rri

cus cus *cous cous* kus kus

CH

chaleco salvavidas *lifejacket* laif·ya·kit

champán *Champagne* cham·pein

champiñón *mushrooms* mash·ruums

champú *shampoo* shæm·puu

chaqueta *jacket* ya·kit

cheque *check* chek

cheques de viaje *traveller's cheque* tra·və·lers chek

chica *girl* gerl

chicle *chewing gum* chu·iŋ gam

chico *boy* boi

chocolate *chocolate* cho·kə·lət

choque *crash* krash

chorizo *salami* sa·la·mi

chupete *dummy* da·mi • *pacifier* pa·si·fa·yər

D

dados *dice* dais

dañar *hurt* hert

dar *give* giv

— **de comer** *feed* fiid

— gracias *thanks* zanks

— la bienvenida *welcome* uel·kam

— una patada *kick* kik

darse cuenta de *realise* rie·lais

de *from* from

— (cuatro) estrellas *(four) star* (foor) star

— izquierda *left wing* left uiŋ

— pena *terrible* te·rrə·bəl

— primera clase *first-class* ferst klas

— segunda mano *second-hand* se·kond hænd

— vez en cuando *sometimes* som·taims

deber *owe* ou

débil *weak* uiik

decidir *decide* di·said

decir *say* sei • *tell* tel

dedo *finger* fin·gər

— del pie *toe* tou

defectuoso/a *faulty* fol·ti

deforestación *deforestation* di·fo·res·tei·shan

dejar *leave* liiv • *quit* kuit

delgado/a *thin* zin

delirante *delirious* di·li·riəs

demasiado caro/a *too expensive* tuu iks·pæn·siv

democracia *democracy* di·mou·krə·si

demora *delay* di·lei

dentista *dentist* den·tist

dentro de (una hora) *within (an hour)* ui·zin (æn auər)

deportes *short sport*

deportista *sportsperson* sports·per·son

depósito *deposit* di·po·sit

derecha *right* rait

derechista *right-wing* rait uiŋ

derechos civiles *civil rights* si·vil raits

derechos humanos *human rights* hiu·mən raits

desayuno *breakfast* brek·fəst

descansar *rest* rest

descanso *intermision* in·tər·mi·shan

descendiente *descendant* di·sen·dant

descomponerse *decompose* di·kom·pous

descubrir *discover* dis·kou·vər

descuento *discount* dis·kaunt

desde (mayo) *since (may)* sins (mei)

desear *wish* uish

desierto *desert* di·sert

desodorante *deodorant* di·ou·do·rant

despacio *slowly* slou·li

desperdicios nucleares *nuclear waste* niu·kliər ueist

despertador *alarm clock* ə·larm klok

después de *after* af·tər

destino *destination* des·ti·nei·shan

destruir *destroy* dis·troi

detallado/a *itemised* ai·tə·maist

detalle *detail* di·teil

detener *arrest* ə·rrest

detrás de *behind* bi·haind

devocionario *prayer book* pre·yər buuk

día *day* dei

— festivo *holiday* ho·li·dei

diabetes *diabetes* daia·bi·tis

diafragma *diaphragm* daia·fræm

diapositiva *slide* slaid

diariamente *daily* dei·li

diarrea *diarrhoea* daia·rriə

dieta *diet* daiet

dibujar *draw* drou

diccionario *dictionary* dik·sha·nə·ri

diente (de ajo) *clove (garlic)* klouv (gar·lik)

dientes *teeth* tiiz

diferencia horaria *time difference* taim di·frəns

diferente *different* di·frənt

difícil *difficult* di·fi·kult

dinero *money* mo·ni

— en efectivo *cash* kæsh

Dios *god* gad

dirección *address* ə·dres

directo/a *direct* dai·rekt

director(a) *director* dai·rek·tər

disco *disk* disk

discoteca *disco* dis·kou

discriminación *discrimination*
dis·kri·mi·*nei*·shən

discutir *argue* ar·giu

diseño *design* di·*saiņ*

disparar *shoot* shuut

DIU *IUD* ai yu di

diversión *fun* fan

divertirse *enjoy* in·*yoi*

doblar *turn* tarn • *bend* bend

doble *double* da·bəl

docena *dozen* dou·sen

doctor(a) *doctor* dok·tər

dólar *dollar* do·lar

dolor *pain* pein
— de cabeza *headache* ħed·eik
— de estómago *stomachache* sta·mək·eik
— de muelas *toothache* tuuz·eik
— menstrual *period pain* pi·riəd pein

dolorido/a *sore* sor

doloroso/a *painful* pein·ful

donde *where* uer

dormir *sep* sliip

dos *two* tu
— camas *twin beds* tuin beds
— veces *twice* tuais

drama *drama* dra·mə

droga *drug* drag • *dope* doup

drogadicción *drug addiction* drag ə·*dik*·shən

drogas *drugs* drags

ducha *shower* sha·uər

dueño/a *owner* ou·nər

dulce *sweet* suiit

dulces *sweets* suiits

duro/a *hard* ħard

E

eccema *eczema* ek·si·mə

edad *age* eich

edificio *building* bil·diņ

editor(a) *editor* e·di·tər

educación *education* e·diu·*kei*·shən

egoísta *selfish* sel·fish

ejemplo *example* ek·sam·pəl

ejército *military* mi·li·tə·ri

él *he* ħi

elecciones *elections* i·*lek*·shəns

electricidad *electricity* i·lik·*tri*·si·ti

elegir *pick* pik • *choose* chuus

ella *she* shi

ellos/as *they* ðei

embajada *embassy* em·bə·si

embajador(a) *ambassador* æm·bæ·sə·dər

embarazada *pregnant* preg·nant

embarcarse *board* bord

embrague *clutch* klach

emergencia *emergency* i·*mer*·yən·si

emocional *emotional* i·*mou*·sha·nəl

empleado/a *employee* em·plo·*yii*

empujar *push* push

en *on* on
— el extranjero *abroad* ə·*broud*
— el paro *unemployed* a·nim·*ploid*

encaje *lace* leis

encantador(a) *charming* char·miņ

encendedor *lighter* lai·tər

encontrar *find* faind • *meet* miit

encurtidos *pickles* pi·kəls

energía nuclear *nuclear energy* niu·kliər e·nər·yi

enfadado/a *angry* æn·gri

enfermedad *disease* di·siis
— venérea *venereal disease* ve·ni·riəl di·siis

enfermero(a) *nurse* ners

enfermo/a *sick* sik

enfrente de *in front of* in front of

enorme *huge* ħiuch

ensalada *salad* sæ·ləd

enseñar *show* shou • *teach* tiich

entrar *enter* en·tər

entre *among* ə·moņ • *between* bi·*tuin*

entregar *deliver* de·*li*·vər

entrenador(a) *coach* kouch

entrenamiento *workout* uork·aut

entrevista *interview* in·tər·viu

enviar *send* send • *ship off* ship of

epilepsia *epilepsy* e·pi·lep·si

equipaje *luggage* la·gich

equipo *equipment* i·kuip·mənt • *team* tiim

— **de inmersión** *diving equipment* dai·viŋ i·kuip·mənt

— **de música** *stereo* ste·riou

equitación *horse riding* hors rai·diŋ

equivocado/a *wrong* roŋ

error *mistake* mis·teik

escalada *rock climbing* rok klaim·biŋ

escalera *stairway* ster·uei

escaleras mecánicas *escalador* es·kə·lei·tər

escarcha *frost* frost

escarpado/a *steep* stiip

escasez *shortage* shor·teich

escenario *stage* steich

Escocia *Scotland* skot·lənd

escoger *choose* chuus

escribir *write* rait

— **a máquina** *type* taip

escritor(a) *writer* rai·tər

escuchar *listen* li·sen

escuela *school* skuul

— **de párvulos** *kindergarten* kin·dər·gar·ten

escultura *sculpture* skalp·chər

espacio *space* speis

espalda *back* bæk

España *Spain* spein

especial *special* spe·shəl

especialista *specialist* spe·shə·list

especies en peligro de extinción *endangered species* in·dein·ye·rid spi·sis

espectáculo *show* shou

espejo *mirror* mi·rrər

esperar *wait* ueit

espinaca *spinach* spi·nich

esposa *wife* uaif

espuma de afeitar *shaving cream* shei·viŋ kriim

espumoso/a *sparkling* spar·kliŋ • *foamy* fou·mi

esquí *skiing* skiiŋ

— **acuático** *waterskiing* uo·tər·skiiŋ

esquiar *ski* ski

esquina *corner* kor·nər

esta noche *tonight* tu·nait

éste/a *this* dis

estación *season* sii·son • *station* stei·shən

— **de autobuses** *bus station* bas stei·shən

— **de metro** *metro station* me·trou stei·shən

— **de tren** *railway station* reil·uei stei·shən

estacionar *park* park

estadio *stadium* stei·diəm

estado civil *marital status* mæ·ri·təl stei·təs

estado del bienestar *social welfare* sou·shəl uel·fer • *well being* uel biiŋ

Estados Unidos *USA* yu es ei

estafa *rip-off* rip of

estanquero *tobacconist* tə·bæ·kou·nist

estante *shelf* shelf

estar *to be* tu bi

— **de acuerdo** *agree* ə·grii

— **resfriado/a** *have a cold* hæv ə kould

estatua *statue* stæ·tiu

este *east* iist

esterilla *mat* mæt

estilo *style* stail

estómago *stomach* sta·mək

estrellas *stars* stars

estreñimiento *constipation* kons·ti·pei·shən

estudiante *student* stiu·dənt

estudio *studio* stiu·diou

estufa *heater* hii·tər

estúpido/a *stupid* stiu·pid

etiqueta de equipaje *luggage* la·gich tæg

euro *euro* iu·ro

Europa *Europe* iu·rop

eutanasia *eutanasia* iu·zə·nei·shə

excelente *excellent* ek·sə·lənt

excursión *tour* tur
excursionismo *hiking* hai·kiŋ
experiencia *experience* eks·*pi*·riens
— **laboral** *work experience* uork eks·*pi*·riens
exponer *exhibit* ek·si·bit
exposición *exhibition* ex·si·*bi*·shən
expreso *express* eks·*pres*
exterior *outside* aut·said
extrañar *miss* mis
extranjero/a *foreign* fo·rein

F

fábrica *factory* fæk·tə·ri
fácil *easy* ii·si
facturación de equipajes *check-in* chek in
falda *skirt* skert
falta *fault* folt
familia *family* fæ·mi·li
fantástico/a *great* greit
farmacia *chemist* ke·mist • *pharmacy* far·mə·si
farmacéutico *chemist* ke·mist
faros *headlights* hed·laits
fecha *date* deit
— **de nacimiento** *date of birth* deit of berz
feliz *happy* ha·pi
ferretería *hardware store* hard·uer stor
festival *festival* fes·ti·vəl
ficción *fiction* fik·shən
fideos *noodles* nuu·dəls
fiebre *fever* fi·vər
— **glandular** *glandular fever* glæn·diu·lər fi·vər
fiesta *party* par·ti
filete *fillet* fi·lit
film *film* film
fin *end* end
— **de semana** *weekend* uiik·end
final *end* end
firma *signature* sig·nə·chər
firmar *sign* sain
flor *flower* fla·uər

florista *florist* flo·rist
follar *fuck* fak
folleto *brochure* bro·chər
footing *jogging* yo·giŋ
forma *shape* sheip
fotografía *photograph* fou·tə·græf
fotógrafo/a *photographer* fə·to·græ·fər
fotómetro *light meter* lait mi·tər
frágil *fragile* fræ·yail
frambuesa *raspberry* rasp·bə·rri
franela *flannel* flæ·nəl
franqueo *postage* poust·eich
freír *fry* frai
frenos *brakes* breiks
frente a *opposite* o·pə·sit
fresa *strawberry* stro·bə·rri
frío/a *cold* kould
frontera *border* bor·dər
fruta *fruit* frut
fruto seco *dried fruit* draid frut
fuego *fire* fa·iər
fuera de juego *offside* of·said
fuerte *strong* stroŋ
fumar *smoke* smouk
funda de almohada *pillowcase* pi·lou keis
funeral *funeral* fiu·ne·ral
fútbol *football* fut·bol • *soccer* so·kər
— **australiano** *Australian Rules football* os·trei·lian ruls fut·bol
futuro *future* fiu·chər

G

gafas *glasses* gla·sis
— **de sol** *sunglasses* san·gla·sis
— **de submarinismo** *goggles* gu·gəls
galleta *biscuit* bis·kit • *cookie* kuu·ki
galletas saladas *biscuits* bis·kits • *crackers* kra·kers
gambas *prawns* prons
ganador(a) *winner* ui·nər
ganar *earn* ern • *win* uin
garbanzos *chickpeas* chik·piis
garganta *throat* zrout
gasolina *petrol* pe·trəl

gasolinera *service station* ser·vis stei·shən
gatito/a *kitten* ki·ten
gato/a *cat* kæt
gay *gay* gei
gemelos *twins* tuins
general *general* ye·nə·rəl
gente *people* pii·pol
gimnasia rítmica *gymnastics* yim·næs·tiks
ginebra *gin* yin
ginecólogo *gynaecologist* yai·ni·ko·lo·yist
gobierno *government* ga·vərn·mənt
gol *goal* goul
goma *condom* kon·dom • *rubber* ra·bər
gordo/a *fat* fæt
grabación *recording* ri·kor·diŋ
gracioso/a *funny* fa·ni
gramo *gram* græm
grande *big* big • *large* larch
grandes almacenes *department store* di·part·mənt stor
granja *farm* farm
gratis *free (of charge)* frii (of charch)
grifo *tap* tæp
gripe *influenza* in·flu·en·sa
gris *grey* grei
gritar *shout* shaut
grupo *group* grup
— **de rock** *rock band* rok bænd
— **sanguíneo** *blood group* blad grup
guantes *gloves* glavs
guardarropa *cloakroom* klouk·ruum
guardería *childminding service* chaild·main·diŋ ser·vis
guerra *war* uor
guía *guide* gaid
guía *guidebook* gaid·buuk
— **audio** *guide* gaid
— **del ocio** *entertainment guide* en·tər·tein·mənt gaid
— **telefónica** *phone book* foun buuk
guindilla *chilli* chi·li
guión *script* skript

guisantes *peas* piis
guitarra *guitar* gi·tar
gustar *like* laik

H

habitación *bedroom* bed·ruum • *room* ruum
— **doble** *double room* da·bəl ruum
— **individual** *single room* siŋ·gəl ruum
hablar *speak* spiik • *talk* tolk
hace *sunny* sa·ni
hacer *do* du • *make* meik
— **dedo** *hitchhike* ḥich·ḥaik
— **surf** *surf* serf
— **windsurf** *windsurfing* uind·serf
hachís *hash* ḥæsh
hacia *towards* tə·uords
— **abajo** *down* daun
halal *Halal* ḥa·lal
hamaca *hammock* ḥæ·mək
hambriento/a *hungry* ḥan·gri
harina *flour* fla·uər
hasta *until* ən·til
hecho/a *made* meid
— **a mano** *handmade* ḥænd·meid
— **de (algodón)** *made of (cotton)* meid of (ko·ton)
heladería *ice cream parlour* ais kriim par·lər
helado *ice cream* ais kriim
helar *freeze* friis
hepatitis *hepatitis* ḥe·pə·tai·tis
herbolario *herbalist* ḥer·bə·list
herida *injury* in·ya·ri
hermana *sister* sis·tər
hermano *brother* bro·dər
hermoso/a *beautiful* biu·ti·fol
heroína *heroin* ḥe·rou·in
hielo *ice* ais
hierba *grass* gras
hierbas *herbs* ḥerbs
hígado *liver* li·vər
higos *figs* figs
hija *daughter* doo·tər

hijo *son* son
hijos *children* chil·dren
hilo dental *dental floss* den·təl flos
hinchas *supporters* sə·por·tərs
hindú *Hindu* ḥin·du
hipódromo *racetrack* reis·træk
historial profesional *CV* si vi
histórico/a *historical* ḥis·to·ri·kəl
hockey *hockey* ḥo·ki
 — **sobre hielo** *ice hockey* ais ḥo·ki
hoja *leaf* liif • *sheet (de papel)* shiit
hojalata *tin* tin
hombre *man* mæn
hombros *shoulders* shoul·dərs
homosexual *homosexual*
 ḥo·mou·sek·shuəl
hora *time* taim
horario *timetable* taim·tei·bəl
horario de apertura *opening hours*
 ou·pə·niŋ auərs
hormiga *ant* ænt
horno *oven* o·vən
horóscopo *horoscope* ḥa·rəs·koup
hospital *hospital* ḥos·pi·təl
hostelería *hospitality* ḥos·pi·tæ·li·ti
hotel *hotel* ḥo·tel
hoy *today* tu·dei
hueso *bone* boun
huevo *egg* eg
humanidades *humanities* ḥiu·mæ·ni·tis

I

identificación *identification*
 ai·den·ti·fi·kei·shən
idiomas *languages* læn·gui·chis
idiota *idiot* i·diot
iglesia *church* charch
igual *same* seim
igualdad *equality* i·kua·li·ti
impermeable *raincoat* rein·kout •
 waterproof uo·tər·pruuf
importante *important* im·por·tənt
impuesto *tax* taks
 — **sobre la renta** *income tax* in·kam
 taks

incluido *included* in·klu·did
incómodo/a *uncomfortable*
 an·kam·fər·tə·bəl
India *India* in·diə
indicador *indicator* in·di·kei·tər
indigestión *indigestion* in·di·yes·tiən
industria *industry* in·dəs·tri
infección *infection* in·fek·shən
inflamación *inflammation* in·fla·mei·shən
informática *IT* ai ti
ingeniería *engineering* in·ye·ni·riŋ
ingeniero/a *engineer* in·ye·niər
Inglaterra *England* in·gland
inglés *English* in·glish
ingrediente *ingredient* in·gri·diənt
injusto/a *unfair* an·fer
inmigración *immigration* i·mi·grei·shən
inocente *innocent* i·no·sent
inseguro/a *unsafe* an·seif
instituto *high school* ḥai skuul
intentar (hacer algo) *try (to do*
 something) trai (tu du som·ziŋ)
interesante *interesting* in·tres·tiŋ
internacional *international*
 in·tər·na·shə·nəl
Internet *Internet* in·tər·net
intérprete *interpreter* in·ter·pri·tər
inundación *flooding* fla·diŋ
invierno *winter* uin·tər
invitar *invite* in·vait
inyección *injection* in·yek·shən
inyectar(se) *inject (oneself)* in·yekt
 (uan·self)
ir *go* gou
 — **de compras** *go shopping* gou sho·piŋ
 — **de excursión** *hike* ḥaik
 — **en tobogán** *tobogganing*
 tə·bou·gæ·niŋ
Irlanda *Ireland* aiə·land
irritación *rash* ræsh
 — **de pañal** *nappy rash* næ·pi ræsh
isla *island* ai·land
itinerario *itinerary* ai·ti·nə·rə·ri
IVA *sales tax* seils taks
izquierda *left* left

J

jabón *soap* soup
jamón *ham* ħæm
Japón *Japan* yə·pæn
jarabe *cough medicine* kof *med*·sin
jardín botánico *botanic garden*
  bə·tæ·nik *gar*·den
jarra *jar* yar
jefe/a *boss* bos • *leader* lii·dər
  — de sección *manager* mæ·ni·yər
jengibre *ginger* yin·yər
jeringa *syringe* si·*rinch*
jersey *jumper* yam·pər • *sweater* sue·tər
jet lag *jet lag* yet læg
jockey *jockey* yo·ki
joven *young* yauŋ
joyería *jeweller* yu·əl·ri
jubilado/a *retired* ri·taiəd
judías *beans* biins
judío/a *Jewish* yu·ish
juegos de ordenador *computer games*
  kəm·*piu*·tər geims
juegos olímpicos *Olympic Games*
  ou·*lim*·pik geims
juez *judge* yach
jugar *play* plei
jugo *juice* yus
juguetería *toyshop* toi·shop
juntos/as *together* tə·ge·ðər

K

kilo *kilogram* ki·lou·græm
kilómetro *kilometre* ki·lou·*mi*·tər
kiwi *kiwifruit* ki·bi·frut
kosher *Kosher* kou·shər

L

labios *lips* lips
lado *side* said
ladrón *thief* ziif
lagartija *lizard* li·sərd
lago *lake* leik
lamentar *regret* ri·gret

lana *wool* uul
lápiz *pensil* pen·sil
  — de labios *lipstick* lip·stik
largo/a *long* loŋ
lata *can* kæn
lavadero *laundry* lon·dri
lavadora *washing machina* uo·shiŋ
  mə·shin
lavandería *laundrette* lon·də·ret
lavar *wash* uosh
lavarse *wash* uosh
leche *milk* milk
  — de soja *soy milk* soi milk
  — desnatada *skimmed milk* ski·mid
  milk
lechuga *lettuce* le·tius
leer *read* riid
legal *legal* li·gəl
legislación *legislation* le·yis·*lei*·shən
legumbre *legume* le·*gium*
lejos *far* far
leña *firewood* fa·iər·uud
lentejas *lentils* len·təls
lentes de contacto *contact lenses*
  kon·tækt len·ses
lento/a *slow* slou
lesbiana *lesbian* les·biən
leve *light* lait
ley *law* loo
libra *pound* paund
libre *free* frii
librería *bookshop* buuk·shop
libro *book* buuk
  — de frases *phrasebook* freis·buuk
libros de viajes *travel books* tra·vəl
  buuks
líder *leader* lii·dər
ligar *pick up* pik ap
lila *purple* par·pəl
lima *lime* laim
límite de equipaje *baggage allowance*
  bæ·gich ə·lo·uans
limón *lemon* le·mən
limonada *lemonade* le·mə·neid
limpio/a *clean* kliin

línea *line* lain

linterna *flashlight* flǽsh·lait • *torch* torch

listo/a *ready* re·di

local *venue* ve·niu

local *local* lou·kəl

loco/a *crazy* krei·si

lodo *mud* mad

lombrices *earth worms* erz uorms

los dos *both* bouz

lubricante *lubricant* lu·bri·kənt

luces *lights* laits

luchar contra *fight against* fait ə·genst

lugar *place* pleis

— **de nacimiento** *place of birth* pleis of berz

lujo *luxury* lak·shə·ri

luna *moon* muun

— **llena** *full moon* ful muun

— **de miel** *honeymoon* ḥa·ni muun

luz *light* lait

LL

llamada *phone call* foun kol

— **a cobro revertido** *collect call* kə·lekt kol

llamar por teléfono *to make a phone call* tu meik æ foun kol

llano/a *flan* flæt

llave *key* kii

llegadas *arrivals* ə·rrai·vəls

llegar *arrive* ə·rraiv

llenar *fill* fil

lleno/a *full* ful

llevar *carry* ka·rri • *wear (llevar puesto)* ueər

lluvia *rain* rein

M

machismo *sexism* sek·si·səm

madera *wood* uud

madre *mother* mo·ðər

madrugada *early morning* er·li mor·niŋ

mago/a *magician* mə·yi·shən

maíz *corn* korn

maleta *suitcase* sut·keis

maletín *briefcase* brif·keis

— **de primeros auxilios** *first-aid kit* ferst ed kit

malo/a *bad* bæd

mamá *mum* mam

mamograma *mammogram* mæ·mə·græm

mañana *tomorrow* tu·mo·rrou • *morning* mor·niŋ

— **por la mañana** *tomorrow morning* tu·mo·rrou mor·niŋ

— **por la noche** *tomorrow evening* tu·mo·rrou iv·niŋ

— **por la tarde** *tomorrow afternoon* tu·mo·rrou af·tər·nuun

mandarina *mandarin* mæn·də·rin

mandíbula *jaw* yo

mando a distancia *remote control* ri·mout kən·trol

mango *mango* mæn·gou

manifestación *demonstration* di·mons·trei·shən

manillar *handlebar* ḥæn·dəl·bar

mano *hand* ḥænd

manta *blanket* blæn·kit

manteca *lard* lard

mantel *tablecloth* tei·bəl·kloz

mantequilla *butter* ba·tər

manzana *apple* æpl

mapa *map* mæp

maquillaje *make-up* meik ap

máquina *machine* mə·shin

— **de billetes** *ticket machine* ti·ket mə·shin

— **de tabaco** *cigarette machine* si·gə·rret mə·shin

mar *sea* sii

marido *husband* ḥas·bənd

maravilloso/a *wonderful* uon·dər·ful

marcador *scoreboard* skor·bord

marcapasos *pacemaker* peis·mei·kər

marcar *score* skor

marea *tide* taid

mareado/a *dizzy* di·si • *seasick* sii·sik
mareo *travel sickness* tra·vəl sik·nes
margarina *margarine* mar·yə·rin
mariguana *mariguana* mæ·ri·ḥua·nə
mariposa *butterfly* ba·tər·flai
marrón *brown* braun
martillo ḥæ·mər
más cercano/a *nearest* nii·rest
masaje *massage* ma·sich
masajista *masseur* ma·ser
matar *kill* kil
matrícula *license plate number* lai·sens pleit nam·bər
matrimonio *marriage* mæ·rrich
mayonesa *mayonnaise* me·yə·nes
mecánico *mechanic* mi·kæ·nik
mechero *lighter* lai·tər
medianoche *midnight* mid·nait
medias *stockings* sto·kiŋs • *pantyhose* pæn·ti·ḥous
medicina *medicine* med·sin
médico/a *doctor* dok·tər
medio ambiente *environment* in·vai·rən·mənt
medio/a *half* ḥalf
mediodía *noon* nuun
medios de comunicación *media* mi·diə
medios de transporte *means of transport* miins of træns·port
mejillones *mussels* ma·səls
mejor *better* be·tər • *best* best
melocotón *peach* piich
melodía *tune* tiun
melón *melon* me·lən
mendigo/a *beggar* be·gər
menos *less* les
mensaje *message* me·sich
menstruación *menstruation* mens·tru·ei·shən
mentiroso/a *liar* laiər
menú *menu* me·niu
menudo/a *little* li·təl
(a) menudo *often* o·fən
mercado *market* mar·kit
mermelada *jam* yæm • *marmalade*

mar·mə·leid
mes *month* monz
mesa *table* tei·bəl
meseta *plateau* pla·tou
metal *metal* me·təl
meter (un gol) *kick (a goal)* kik (æ goul)
metro *metre* mi·tər
mezclar *mix* miks
mezquita *mosque* mosk
mi *my* mai
microondas *microwave* mai·krou·ueiv
miel *honey* ḥa·ni
miembro *member* mem·bər
migraña *migraine* mi·grein
milímetro *millimetre* mi·li·mi·tər
millón *million* mi·lion
minusválido/a *disabled* di·sei·bəl
minuto *minute* mi·nit
mirador *lookout* luuk·aut
mirar *look* luuk • *watch* uoch
— **escaparates** *window-shopping* uin·dou sho·piŋ
misa *mass* mæs
mochila *backpack* bæk·pæk
módem *modem* mou·dem
mojado/a *wet* uet
monasterio *monastery* mo·nəs·tri
monedas *coins* koins
monja *nun* nan
monopatinaje *skateboarding* skeit·bor·diŋ
montaña *mountain* maun·tein
montar *ride* raid
— **en bicicleta** *cycle* sai·kəl
monumento *monument* mo·niu·mənt
mordedura *bite* bait
morir *die* dai
mosquitera *mosquito net* mos·ki·tou net
mosquito *mosquito* mos·ki·tou
mostaza *mustard* mas·təd
mostrador *counter* kaun·tər
mostrar *show* shou
motocicleta *motorcycle* mou·tər·sai·kəl

motor *engine* en·yin
motora *motorboat* mou·tər·bout
muchas/os *many* me·ni
mudo/a *mute* miut
muebles *furniture* fer·ni·chər
muela *tooth* tuuz
muelle *spring* spriŋ
muerto/a *dead* ded
muesli *muesli* mius·li
mujer *woman* uo·mən
multa *fine* fain
mundo *world* uold
muñeca *doll* dol • *wrist* rist
murallas *city walls* si·ti uols
músculo *muscle* ma·səl
museo *museum* miu·siəm
— **de arte** *art gallery* art ga·lə·ri
música *music* miu·sik
músico/a *musician* miu·si·shən
— **ambulante** *busker* bas·kər
muslo *drumstick (pollo)* dram·stik
musulmán(ana) *Muslim* mus·lim
muy *very* ve·ri

N

nacionalidad *nationality*
na·sha·næ·li·ti
nada *none* noun • *nothing* no·ziŋ
nadar *swim* suim
naranja *orange* o·rinch
nariz *nose* nous
nata agria *sour cream* sauər kriim
naturaleza *nature* nei·chər
naturopatía *naturopathy*
nei·chə·ro·pə·zi
náusea *nausea* no·siə
náuseas del embarazo *morning
sickness* mor·niŋ sik·nes
navaja *penknife* pen·naif
Navidad *Christmas* kris·məs
necesario/a *necessary* ne·si·sə·ri
necesitar *need* niid
negar *deny* di·nai
negar *refuse* ri·fius
negocio *business* bis·nis

— **de artículos básicos** *convenience
store* kon·vi·niens stor
negro/a *black* blæk
neumático *tyre* taiər
nevera *refrigerador* re·fri·yə·rei·tər
nieto/a *grandchild* grænd·chaild
nieve *show* snou
niño/a *child* chaild
no *no* nou
— **fumadores** *non-smoking* non
smou·kiŋ
— **incluido** *excluded* eks·klu·did
noche *evening* iv·niŋ • *night* nait
Nochebuena *Christmas Eve* kris·məs iv
Nochevieja *New Year's Eve* niu yiərs iv
nombre *name* neim
— **de pila** *Christian name* kris·tiən
neim
norte *north* norz
nosotros/as *we* ui
noticias *news* nius
— **de actualidad** *current affairs*
ka·rrent ə·fers
novia *girlfriend* gerl·frend
novio *boyfriend* boi·frend
nube *cloud* klaud
nublado *cloudy* klau·di
nueces *nuts* nats
— **tostadas** *roasted nuts* rous·tid nats
nuestro/a *our* auər
Nueva Zelanda *New Zealand* niu sii·lənd
nuevo/a *new* niu
número *number* nam·bər
— **de la habitación** *room number*
ruum nam·bər
— **de pasaporte** *passport number*
pas·port nam·bər
nunca *never* ne·vər

O

o *or* or
obra *play* plei • *building site* bil·diŋ sait
obrero/a *factory worker* fæk·tə·ri
uor·kər • *labourer* lei·bə·rər
océano *ocean* ou·shən

ocupado/a *busy* bi·si
ocupar *live* liv
oeste *west* uest
oficina *office* o·fis
— **de objetos perdidos** *lost property office* lost pro·pər·ti o·fis
— **de turismo** *tourist office* tu·rist o·fis
oír *hear* hiar
ojo *eye* ai
ola *wave* ueiv
olor *smell* smel
olvidar *forget* for·get
ópera *opera* ou·pə·rə
operación *operation* o·pə·rei·shən
opinión *opinion* ə·pi·niən
oporto *port* port
oportunidad *chance* chans
oración *prayer* pre·yər
orden *order* or·dər
ordenador *computer* kəm·piu·tər
— **portátil** *laptop* læp·top
ordenar *order* or·dər
oreja *ear* iar
orgasmo *orgasm* or·gæ·səm
original *original* ə·ri·yi·nəl
orquesta *orchestra* or·kis·trə
oscuro/a *dark* dark
ostra *oyster* ois·tər
otoño *autumn* o·təm
otra vez *again* ə·gen
otro/a *other* o·dər • *another* ə·no·dər
oveja *sheep* shiip
oxígeno *oxygen* ok·si·yən

P

padre *father* fa·dər
padres *parents* pa·rənts
pagar *pay* pei
página *page* peich
pago *payment* pei·mənt
país *country* kaun·tri
pájaro *bird* berd
palabra *word* uord
palacio *palace* pæ·las
palillo *toothpick* tuuz·pik

pan *bread* bred
— **integral** *wholemeal bread* ḥoul·miil bred
— **moreno** *brown bread* braun bred
panadería *bakery* bei·kə·ri
pañal *diaper* daia·pər • *nappy* næ·pi
pantalla *screen* skriin
pantalones *pants* pænts • *trousers* trau·sərs
— **cortos** *shorts* shorts
pañuelos de papel *tissues* ti·shus
papá *dad* dad
papel *paper* pei·pər
— **de liar** *cigarette paper* si·gə·rret pei·pər
— **higiénico** *toilet paper* toi·let pei·pər
paquete *packet* pæ·kit • *package* pæ·kich • *wear* uear
para llevar *to take away* tu teik ə·uei
parabrisas *windscreen* uind·skriin
paracaidismo *skydiving* skai·dai·viŋ
parada *stop* stop
— **de autobús** *bus stop* bas stop
— **de taxis** *taxi stand* tak·si stænd
paraguas *umbrella* am·bre·lə
parapléjico/a *paraplegic* pæ·rə·pli·yik
parar *stop* stop
pared *wall* uol
pareja *pair (couple)* per (ka·pəl)
parlamento *parliament* par·lə·mənt
paro *dole* doul
parque *park* park
— **nacional** *national park* na·shə·nəl park
parte *part* part
partida de nacimiento *birth certificate* berz ser·ti·fi·keit
partido *match (deporte)* mach • *party (político)* par·ti
pasado *past* past
pasado mañana *day after tomorrow* dei af·tar tu·mo·rrou
pasado/a *off (comida)* of
pasajero *passenger* pæ·sen·yər

pasaporte *passport* pas·port
Pascua *Easter* iis·tər
pase *pass* pas
paseo *street* striit
paso *step* step
— de cebra *pedestrian crossing* pe·des·triən kro·siŋ
pasta *pasta* pæs·tə
— dentífrica *toothpaste* tuuz·peist
pastel *cake* keik • *pie* pai
— de cumpleaños *birthday cake* berz·dei keik
pastelería *cake shop* keik shop
pastilla *pill* pil
pastillas de menta *mints* mints
pastillas para dormir *sleeping pills* slii·piŋ pils
patata *potato* pə·tei·tou
paté *pate* pæ·tei
patinar *rollerblading* rou·lər·blei·diŋ • *ice skating* ais skei·tiŋ
pato *duck* dak
pavo *turkey* tar·ki
paz *peace* piis
peatón *pedestrian* pe·des·triən
pecho *chest* chest
pechuga *breast (de pollo)* brest
pedal *pedal* pe·dəl
pedazo *piece* piis
pedir *ask for* ask for
peine *comb* komb
pelea *fight* fait
película *movie* mu·vi • *film (camera)* film (kæ·mə·rə)
— en color *colour film* ka·lər film
peligroso/a *dangerous* dein·ye·rəs
pelo *hair* her
pelota *ball* bol
— de golf *golf ball* golf bol
peluquero/a *hairdresser* her·dre·sər
pendientes *earrings* ii·riŋs
pene *penis* pi·nis
pensar *think* zink
pensión *boarding house* bor·diŋ haus
pensionista *pensioner* pen·shə·nər

pepino *cucumber* kiu·kam·bər
pequeñito/a *tiny* tai·ni
pequeño/a *small* smol
pera *pear* per
perder *lose* luus
perdido/a *lost* lost
perdonar *forgive* for·giv
perejil *parsley* pars·li
perfume *perfume* per·fium
periódico *newspaper* nius·pei·pər
periodista *journalist* yer·nə·list
permiso *permission* pər·mi·shən • *permit* per·mit
— de trabajo *work permit* uork per·mit
permitir *allow* ə·lou • *permit* per·mit
pero *but* bat
perro/a *dog* dog
perro lazarillo *guide dog* gaid dog
persona *person* per·son
pesado/a *heavy* he·vi
pesar *weigh* uei
pesas *weights* ueits
pesca *fishing* fi·shiŋ
pescadería *fish shop* fish shop
pescado *fish* fish
peso *weight* ueit
petición *petition* pə·ti·shən
pez *fish* fish
(carne) picada *mince (meat)* mins (miit)
picadura *bite* bait
picazón *itch* ich
pie *foot* fuut
piedra *stone* stoun
piel *skin* skin
pierna *leg* leg
pila *battery* bæ·tə·ri
píldora *the Pill* də pil
pimienta *pepper* pe·pər
pimiento *capsicum* kæp·si·kəm • *bell pepper* bel pe·pər
— rojo *red capsicum* red kæp·si·kəm
— verde *green capsicum* griin kæp·si·kəm
piña *pineapple* pai·nə·pəl

pinchar *puncture* pank·chər
ping pong *table tennis* tei·bəl te·nis
pintar *paint* peint
pintor(a) *painter* pein·tər
pintura *painting* pein·tiŋ
pinzas *tweezers* tui·sərs
piojos *lice* lais
piqueta *pickaxe* pi·kaks
piquetas *tent pegs* tent pegs
piscina *swimming pool* sui·miŋ puul
pista *court* kort
  — de tenis *tennis court* te·nis kort
pistacho *pistachio* pis·ta·kiou
plancha *iron* aion
planeta *planet* plæ·nit
planta *plant* plænt
plástico *plastic* plæs·tik
plata *silver* sil·vər
plataforma *platform* plæt·form
plátano *banana* bə·na·nə
plateado/a *silver* sil·vər
plato *plate* pleit
playa *beach* biich
plaza *square* skuer
  — de toros *bullring* bul·riŋ
pobre *poor* poor
pobreza *poverty* po·vər·ti
pocos *few* fiu
poder *can* kæn
poder *power* pa·uər
poesía *poetry* poi·tri
polen *pollen* po·lən
policía *police* po·lis
política *policy* po·li·si • *politics* po·li·tiks
político *politician* po·li·ti·shən
póliza de seguros *policy (insurance)* po·li·si (in·shu·rəns)
pollo *chicken* chi·ken
pomelo *grapefruit* greip·frut
poner *put* put
popular *popular* po·piu·lər
póquer *poker* pou·kər
por (día) *per (day)* per (dei)
por ciento *percent* pər·sent

por qué *why* uai
por vía aérea *air mail* er meil
por vía terrestre *surface mail* sar·fis meil
porque *because* bi·kos
portero/a *goalkeeper* goul·kii·pər
posible *possible* po·si·bəl
postal *postcard* poust·kard
póster *poster* pous·tər
potro *foal* foul
pozo *well* uel
precio *price* prais
  — de entrada *admission price* əd·mi·shən prais
  — del cubierto *cover charge* kou·vər charch
preferir *prefer* pri·fer
pregunta *question* kues·tion
preguntar *ask* ask
preocupado/a *worried* uo·rrid
preocuparse por *care (about)* ker (ə·baut)
preparar *prepare* pri·per
presidente/a *president* pre·si·dənt
presión *pressure* pre·shər
  — arterial *blood pressure* blad pre·shər
prevenir *prevent* pri·vent
primavera *spring* spriŋ
primer(a) ministro/a *prime minister* praim mi·nis·tər
primero/a *first* ferst
principal *main* mein
prisa *hurry* ha·rri
prisionero/a *prisoner* pri·so·nər
privado/a *private* prai·vet
probar *try* trai
producir *produce* pro·dius
productos congelados *frozen foods* frou·sen fuuds
profesor(a) *lecturer* lek·cha·rər • *instructor* ins·trak·tər • *teacher* tii·chər
profundo/a *deep* diip
programa *programme* prou·græm

prolongación *extension* eks·*ten*·shən

promesa *promise* pro·mis

prometida *fiancee* fi·an·sei

prometido *fiance* fi·an·sei

pronto *soon* suun

propietaria *landlady* lænd·*lei*·di

propietario *landlord* lænd·lord

propina *tip* tip

proteger *protect* prə·tekt

protegido/a *protected* prə·tek·tid

protesta *protest* prou·test

provisiones *provisions* prə·vi·shəns

proyector *projector* pro·yek·tər

prudente *sensible* sen·si·bəl

prueba *test* test

   — **del embarazo** *pregnancy test kit*
   preg·nən·si test kit

pruebas nucleares *nuclear testing*
   niu·kliər tes·tiŋ

pub *bar* bar • *pub* pab

pueblo *village* vi·lich

puente *bridge* brich

puerro *leek* liik

puerta *door* door

puerto *port* port • *harbour* hɑr·bər

puesta del sol *sunset* san·set

pulga *flea* flii

pulmones *lungs* langs

punto *point* point

puro *cigar* si·gɑr

puro/a *pure* piur

Q

qué *what* uot

(el mes) que viene *next (month)* nekst
   (monz)

quedar *leave (behind)* liiv (bi·haind)

quedarse *stay (remain)* stei (ri·mein)

quedarse sin *run out of* ran aut of

quejarse *complain* kam·plein

quemadura *burn* barn

   — **de sol** *sunburn* san·bern

querer *love* lav • *want* uont

queso *cheese* chiis

   — **crema** *cream cheese* kriim chiis

   — **de cabra** *goat's cheese* gouts chiis

quién *who* hu

quincena *fortnight* fort·nait

quiosco *news stand* niu stænd •
   newsagency nius·ei·yən·si

quiste ovárico *ovarian cyst* ou·ve·riən
   sist

quizás *maybe* mei·bi

R

rábano *radish* ræ·dish

   — **picante** *horseradish* hors·ræ·dish

rápido/a *fase* fæst

raqueta *racquet* ræ·kit

raro/a *rare* rer

rastro *track* træk

rata *rat* rat

ratón *mouse* maus

raza *race* reis

razón *reason* rii·sən

realista *realistic* riə·lis·tik

recibir *receive* ri·siv

recibo *receipt* ri·sipt

reciclable *recyclable* ri·sai·klə·bəl

reciclar *recycle* ri·sai·kəl

recientemente *recently* ri·sen·tli

recogida de equipajes *baggage claim*
   bæ·gich kleim

recolección de fruta *fruit picking* frut
   pi·kiŋ

recomendar *recommend* re·kə·mend

reconocer *recognise* re·kəg·nais

recordar *remember* ri·mem·bər

recorrido guiado *guided tour* gai·did
   turs

recto/a *straight* streit

recuerdo *souvenir* su·və·nir

red *net* net

redondo/a *round* raund

reembolsar *refund* ri·fand

reembolso *refund* ri·fand

referencias *referentes* re·fə·rən·səs

refresco *soft drink* soft drink

refugiado/a *refugee* re·fiu·yii

regalar *exchange gifts* eks·cheinch gifts

regalo *gift* gift
— **de bodas** *wedding present* ue·diŋ pre·sent
régimen *diet* daiet
reglas *rules* ruls
reina *queen* kuin
reírse *laugh* laf
relación *relationship* ri·lei·shən·ship
relajarse *relax* ri·læks
religión *religion* re·li·yən
religioso/a *religious* re·li·yiəs
reliquia *relic* re·lik
reloj *clock* klok
— **de pulsera** *watch* uoch
remo *rowing* ro·uiŋ
remolacha *beetroot* bii·truut
remoto/a *remote* ri·mout
reparar *repair* ri·per
repartir *divide up (share)* di·vaid ap (sher)
repetir *repeat* ri·piit
república *republic* ri·pa·blik
requesón *cottage cheese* ko·tich chiis
reserva *reservation* ri·sər·vei·shan
reservar *book* buuk
resfriado *cold* kould
residencia de estudiantes *college* ko·lech
residuos tóxicos *toxic waste* tok·sik ueist
respirar *breathe* briiz
respuesta *answer* æn·sər
restaurante *restaurant* res·tə·rant
revisar *check* chek
revisor(a) *ticket collector* ti·ket ka·lek·tər
revista *magazine* mæ·gə·sin
rey *king* kiŋ
rico/a *rich* rich
riesgo *risk* risk
río *river* ri·vər
ritmo *rhythm* ri·ðəm
robar *rob* rob • *steal* stiil
roca *rock* rok
rodilla *knee* nii

rojo/a *red* red
romántico/a *romantic* rou·mæn·tik
romper *break* brek
ron *rum* ram
ropa *clothing* klou·ziŋ
— **de cama** *bedding* be·diŋ
— **interior** *underwear* an·dər·ueər
rosa *pink* pink
roto/a *broken* brou·ken
rueda *wheel* uiil
ruidoso/a *loud* laud
ruinas *ruins* ruins
ruta *route* rut

S

sábado *Saturday* sæ·tər·dei
sábana *sheet* shiit
saber *know* nou
sabroso/a *tasty* teis·ti
sacar *take out* teik aut • *take (photo)* teik (fou·tou)
sacerdote *priest* prest
saco de dormir *sleeping bag* slii·piŋ bæg
sal *salt* solt
sala de espera *waiting room* uei·tiŋ ruum
sala de tránsito *transit lounge* træn·sit launch
salario *rate of pay* reit of pei • *salary* sæ·lə·ri
salchicha *sausage* so·sich
saldo *balance (account)* ba·lans (ə·kaunt)
salida *departure* di·par·chər • *exit* ek·sit
saliente *ledge* lech
salir con *go out with* gou aut uiz
salir de *depart* di·part
salmón *salmon* sæ·mon
salón de belleza *beauty salon* biu·ti sæ·lon
salsa *sauce* sos
— **de guindilla** *chilli sauce* chi·li sous
— **de soja** *soy sauce* soi sous
— **de tomate** *tomato sauce* tə·ma·tou sos • *ketchup* ket·chəp

saltar *jump* yamp
salud *health* helz
salvaeslips *panty liners* pæn·ti lai·nərs
salvar *save* seiv
sandalias *sandals* sæn·dəls
sandía *watermelon* uo·tər·me·lən
sangrar *bleed* bliid
sangre *blood* blad
santo/a *saint* seint
sarampión *measles* miis·les
sartén *frying pan* fra·yiŋ pan
sastre *taylor* tei·lər
sauna *sauna* so·nə
secar *dry* drai
secretario/a *secretary* se·krə·tə·ri
sed *thirst* zerst
seda *silk* silk
seguir *follow* fo·lou
segundo/a *second* se·kond
seguro *insurance* in·shu·rəns
seguro/a *safe* seif
sello *stamp* stæmp
semáforos *traffic lights* træ·fik laits
Semana Santa *Holy Week* ho·li uiik
sembrar *plant* plænt
semidirecto/a *non-direct* non dai·rekt
señal *sign* sain
sencillo/a *simple* sim·pəl
(un billete) sencillo *one-way (ticket)* uan uei (ti·ket)
sendero *mountain path* maun·tein paz • *path* paz
senos *breasts* brests
sensibilidad *sensitivity* sen·si·ti·vi·ti • *film speed* film spiid
sensual *sensual* sen·shuəl
sentarse *sit* sit
sentimientos *feelings* fii·liŋs
sentir *feel* fiil
separado/a *separate* se·pə·rit
separar *separate* se·pə·rit
ser *be* bi
serie *series* si·ris
serio/a *serious* si·riəs
seropositivo/a *HIV positive* eich ai vi
**po·si·tiv
serpiente *snake* sneik
servicio *service charge* ser·vis charch
— **militar** *military service* mi·li·tə·ri ser·vis
— **telefónico automático** *direct-dial* dai·rekt daial
servicios *toilets* toi·lets
servilleta *napkin* næp·kin
sexo *sex* seks
— **seguro** *safe sex* seif seks
sexy *sexy* sek·si
si *if (condicional)* if
sí *yes (afirmación)* yes
SIDA *AIDS* eids
sidra *cider* sai·dər
siempre *always* ol·ueis
silla *chair* cher
— **de ruedas** *wheelchair* uiil·cher
sillín *saddle* sæ·dəl
similar *similar* si·mi·lər
simpático/a *nice* nais
sin *without* ui·zaut
— **hogar** *homeless* hom·les
— **plomo** *unleaded* an·le·did
sinagoga *synagogue* si·nə·gog
Singapur *Singapore* siŋ·gə·por
sintético/a *synthetic* sin·ze·tik
soborno *bribe* braib
sobre *about* ə·baut • *on top of* on top of
sobre *envelope* en·və·loup
sobredosis *overdose* ou·vər·dous
sobrevivir *survive* ser·vaiv
socialista *socialist* sou·shə·list
sol *sun* san
soldado *soldier* soul·diər
sólo *only* on·li
solo/a *alone* ə·loun
soltero/a *single* siŋ·gəl
sombra *shadow* shæ·dou
sombrero *hat* hæt
soñar *dream* driim
sondeos *polls* pols
sonreír *smile* smail

sopa *soup* sup
sordo/a *deaf* def
sorpresa *surprise* ser·prais
su *her (de ella)* her • *his (de él)* his • *their (de ellos/as)* der
subir *climb* klaimb
submarinismo *diving* dai·viŋ
subtítulos *subtitles* sab·tai·təls
sucio/a *dirty* der·ti
sucursal *branch office* branch o·fis
sudar *perspire* pərs·paiər
suegra *mother-in-law* mo·ðər in lo
suegro *father-in-law* fa·ðər in lo
sueldo *wage* ueich
suelo *floor* floor
suerte *luck* lak
suficiente *enough* i·naf
sufrir *suffer* sa·fər
sujetador *bra* bra
supermercado *supermarket* su·pər·mar·kit
superstición *superstition* su·pərs·ti·shən
sur *south* sauz

T

tabaco *tobacco* tə·bæ·kou
tabla de surf *surfboard* serf·bord
tablero de ajedrez *chess borrad* ches bord
tacaño/a *stingy* stin·yi
talco *baby powder* bei·bi pau·dər
talla *size* sais
taller *workshop* uork·shop
también *also* ol·sou
tampoco *neither* nai·ðər
tampones *tampons* tæm·pəns
tanga *g-string* yi striŋ
tapones para los oídos *earplugs* iar·plags
taquilla *ticket office* ti·ket o·fis
tarde *late* leit
tarjeta *card* kard
— de crédito *credit card* kre·dit kard
— de embarque *boarding pass* bor·diŋ pas

— de teléfono *phone card* foun kard
tarta nupcial *wedding cake* ue·diŋ keik
tasa del aeropuerto *airport tax* er·port taks
taxi *taxi* tak·si
taza *cup* kap
té *tea* tii
teatro *theatre* zi·ə·tər
teclado *keyboard* kii·bord
técnica *technique* tek·nik
tela *fabric* fæ·brik
tele *TV* ti vi
teleférico *cable car* kei·bəl kar
teléfono *telephone* te·le·foun
— móvil *mobile phone* mo·bail foun
— público *public telephone* pa·blik te·le·foun
telegrama *telegram* te·le·græm
telenovela *soap opera* soup ou·pə·rə
telescopio *telescope* te·lis·koup
televisión *television* te·le·vi·shən
temperatura *temperature* tem·pri·chər
templado/a *warm* uorm
templo *temple* tem·pəl
temporada *season (sport)* sii·son (sport)
temprano *early* er·li
tenedor *fork* fork
tener *have* hæv
— hambre *to be hungry* tu bi han·gri
— prisa *to be in a hurry* tu bi in æ ha·rri
— sed *to be thirsty* tu bi zers·ti
— sueño *to be sleepy* tu bi slii·pi
tenis *tennis* te·nis
tentempié *snack* snak
tercio *third* zerd
terminar *finish* fi·nish
ternera *veal* viil
ternero *calf* kalf
terremoto *earthquake* erz·kueik
testarudo/a *stubborn* sta·bən
tía *aunt* ant
tiempo *time* taim • *weather* ue·ðər
a — *on time* on taim
a — completo/parcial *full-time/part-time* ful taim/part taim

tienda (de campaña) *tent* tent
tienda *shop* shop
— **de comestibles** *grocery* grou·sə·ri
— **de fotografía** *camera shop* kæ·mə·rə shop
— **de electrodomésticos** *electrical store* i·lek·tri·kəl stor
— **de artículos de cámping** *camping store* kæm·piŋ stor
— **de recuerdos** *souvenir shop* su·və·nir shop
— **de ropa** *clothing store* klou·ziŋ stor
— **deportiva** *sports store* sports stor
Tierra *Earth* erz
tierra *land* lænd
tiesto *pot* pot
tijeras *scissors* si·sors
tímido/a *shy* shai
típico/a *typical* ti·pi·kəl
tipo *type* taip
— **de cambio** *exchange rate* eks·cheinch reit
tirar *pull* pul
tiritas *band-aids* bænd eds
título *degree* di·grii
toalla *towel* ta·uəl
toallita *face cloth* feis kloz
tobillo *ankle* æn·kəl
tocar *touch* tach
— **la guitarra** *play (guitar)* plei (gi·tar)
tocino *bacon* bei·kən
todavía (no) *(not) yet* (not) yet
todo *all* ol • *everything* e·vri·ziŋ
tofú *tofu* tou·fu
tomar *take* teik • *drink* drink
tomate *tomato* tə·ma·tou
— **secado al sol** *sun-dried tomato* san draid tə·ma·tou
tono *tone* toun
torcedura *sprain* sprein
tormenta *storm* storm
toro *bull* bul
torre *tower* ta·uər

tos *cough* kof
tostada *toast* toust
tostadora *toaster* tous·tər
trabajar *work* uork
trabajo *job* yob • *work* uork
— **administrativo** *paperwork* pei·pər·uork
— **de camarero/a** *bar work* bar uork
— **de casa** *housework* haus·uork
— **de limpieza** *cleaning* klii·niŋ
— **eventual** *casual work* kæ·shuəl uork
traducir *translate* træns·leit
traer *bring* briŋ
traficante de drogas *drug dealer* drag dii·lər
tráfico *traffic* træ·fik
tramposo/a *cheat* chiit
tranquilo/a *quiet* kua·yət
tranvía *tram* træm
a través *across* ə·kros
tren *train* trein
— **de cercanías** *local train* lou·kəl trein
trepar *scale* skeil • *climb* klaimb
tres en raya *noughts & crosses* noots ænd kro·ses
triste *sad* sæd
tú *you* yu
tu *your* yor
tubo de escape *exhaust* ek·sost
tumba *grave* greiv
tumbarse *lie dawn* lai daun
turista *tourist* tu·rist
— **operador(a)** *tourist operator* tu·rist o·pe·rei·tər

U

uniforme *uniform* iu·ni·form
universidad *university* iu·ni·ver·si·ti
universo *universe* iu·ni·vers
urgente *urgent* er·yent
usted *you* yu
útil *useful* ius·ful
uvas *grapes* greips
— **pasas** *raisins* rei·sins

V

vaca *cow* kau
vacaciones *holidays* ho·li·deis • *vacation* və·*kei*·shən
vacante *vacant* vei·kənt
vacío/a *empty* emp·ti
vacuna *vaccination* væk·si·*nei*·shən
vagina *vagina* və·yai·nə
vagón restaurante *dining car* dai·niŋ kar
validar *validate* væ·li·deit
valiente *brave* breiv
valioso/a *valuable* væ·liue·bəl
valle *valley* væ·li
valor *value* væ·liu
vaqueros *jeans* yiins
varios/as *several* se·və·rəl
vaso *glass* glas
vegetariano/a *vegetarian* ve·yi·*te*·riən
vela *candle* kæn·dəl
velocidad *speed* spiid
velocímetro *speedometer* spii·*dou*·mi·tər
velódromo *racetrack* reis·træk
vena *vein* vein
vendaje *bandage* bæn·dich
vendedor(a) de flores *florist* flo·rist
vender *sell* sel
venenoso/a *poisonous* poi·sə·nəs
venir *come* kom
ventana *window* uin·dou
ventilador *fan* fan
ver *see* sii
verano *summer* sa·mər
verde *green* griin
verdulería *greengrocery* griin·grou·sə·ri
verdulero/a *grocer* grou·sər
verduras *vegetables* ve·yi·tə·bəls
vestíbulo *foyer* fo·yei
vestido *dress* dres
vestuario *wardrobe* uor·droub
vestuarios *changing room* chein·yiŋ ruum

vez *once* uans
viajar *travel* tra·vəl
viaje *trip* trip
vid *vine* vain
vida *life* laif
vidrio *glass* glas
viejo/a *old* old
viento *wind* uind
vinagre *vinegar* vi·ni·gər
viñedo *vineyard* vain·yard
vino *wine* uain
violar *rape* reip
virus *virus* vai·rəs
visado *visa* vi·sa
visitar *visit* vi·sit
vista *view* viu
vitaminas *vitamins* vi·tə·mins
víveres *food supplies* fuud su·plais
vivir *live* liv
volar *fly* flai
volumen *volume* vo·lium
volver ri·tərn
votar *vote* vout
voz *voice* vois
vuelo doméstico *domestic flight* do·mes·tik flait

Y

y *and* ænd
ya *already* ol·re·di
yo *I* ai
yoga *yoga* you·gə
yogur *yogurt* yo·gərt

Z

zanahoria *carrot* kæ·rrət
zapatería *shoe shop* shu shop
zapatos *shoes* shus
zodíaco *zodiac* sou·diæk
zoológico *zoo* suu
zumo *juice* yus
— de naranja *orange juice* o·rinch yus

A

(to be) able (tu bi) *ei·*bol *poder*
aboard ə·bord *a bordo*
abortion ə·bor·shən *aborto*
about ə·baut *sobre*
above ə·bouv *arriba*
abroad ə·broud *en el extranjero*
(to) accept (tu) ək·sept *aceptar*
accident æk·si·dent *accidente*
accommodation ə·ko·mo·dei·shən *alojamiento*
across ə·kros *a través*
activist ak·ti·vist *activista*
acupuncture ə·kiu·punk·chər *acupuntura*
adaptor ə·dap·tər *adaptador*
address ə·dres *dirección*
administration ad·mi·nis·trei·shən *administración*
admission price ad·mi·shən prais *precio de entrada*
(to) admit (tu) əd·mit *admitir*
adult ə·dult *adulto*
advertisement ad·ver·tais·ment *anuncio*
advice ad·vais *consejo*
aerobics e·ro·bik *aeróbic*
Africa æ·fri·ka *África*
after af·tər *después de*
aftershave af·tər·sheiv *bálsamo aftershave*
again ə·gen *otra vez*
age eich *edad*
aggressive ə·gre·siv *agresivo/a*
(to) agree (tu) ə·grii *estar de acuerdo*
agriculture ə·gri·kul·chər *agricultura*
AIDS eids *sida*
air er *aire*
air mail er meil *por vía aérea*

air-conditioned er kən·di·shə·nid *con aire acondicionado*
air-conditioning er kən·di·shə·niŋ *aire acondicionado*
airline er·lain *aerolínea*
airport er·port *aeropuerto*
airport tax er·port taks *tasa de aeropuerto*
alarm clock ə·larm klok *despertador*
alcohol æl·kə·hol *alcohol*
all ol *todo*
allergy æ·ler·yi *alergia*
(to) allow (tu) ə·lou *permitir*
almonds a·mənds *almendras*
almost ol·moust *casi*
alone ə·loun *solo/a*
already ol·re·di *ya*
also ol·sou *también*
altar ol·tər *altar*
altitude æl·ti·tiud *altura*
always ol·ueis *siempre*
amateur æ·mə·tər *amateur*
ambassador æm·bæ·sə·dər *embajador(a)*
among ə·moŋ *entre*
anarchist æ·nər·kist *anarquista*
ancient ein·shənt *antiguo/a*
and ænd *y*
angry æn·gri *enfadado/a*
animal æ·ni·mal *animal*
ankle æn·kəl *tobillo*
answer æn·sər *respuesta*
answering machine æn·sə·riŋ mə·shin *contestador automático*
ant ænt *hormiga*
anthology æn·zo·lo·yi *antología*
antibiotics æn·ti·bai·o·tiks *antibióticos*
antinuclear æn·ti·niu·kliər *antinuclear*
antique æn·tik *antigüedad*
antiseptic æn·ti·sep·tik *antiséptico*
any e·ni *alguno(a)*

appendix ə·pen·diks *apéndice*
apple æpl *manzana*
appointment ə·point·mənt *cita*
apricot ei·pri·kot *albaricoque*
archaeological ar·keo·lo·yi·kəl *arqueológico/a*
architect ar·ki·tekt *arquitecto/a*
architecture ar·ki·tek·chər *arquitectura*
(to) argue (tu) ar·giu *discutir*
arm arm *brazo*
army ar·mi *ejército*
(to) arrest (tu) ə·rrest *detener*
arrivals ə·rrai·vəls *llegadas*
(to) arrive (tu) ə·rraiv *llegar*
art art *arte*
art gallery art ga·lə·ri *museo de arte*
artichoke ar·ti·shouk *alcachofa*
artist ar·tist *artista*
ashtray æsh·trei *cenicero*
Asia ei·sha *Asia*
(to) ask (a question) (tu) ask (æ kues·tion) *preguntar*
(to) ask (for something) (tu) ask (for som·ziŋ) *pedir*
aspirin æs·prin *aspirina*
assault ə·solt *asalto*
asthma æs·mə *asma*
athletics ə·zle·tiks *atletismo*
atmosphere æt·məs·fiər *atmósfera*
aubergine ou·bər·yin *berenjena*
aunt ant *tía*
Australia os·trei·liə *Australia*
automatic teller machine o·tə·mæ·tik te·lər ma·shin *cajero automático*
autumn o·təm *otoño*
avenue æ·və·niu *avenida*
avocado æ·və·ka·dou *aguacate*

B

B&W (film) blæk ænd uait (film) *blanco y negro*
baby bei·bi *bebé*
baby food bei·bi fuud *comida de bebé*
baby powder bei·bi pau·dər *talco*
babysitter bei·bi·si·tər *canguros*
back bæk *espalda, respaldo*

backpack bæk·pæk *mochila*
bacon bei·kən *panceta, bacón*
bad bæd *malo/a*
bag bæg *bolso*
baggage bæ·gich *equipaje*
baggage allowance bæ·gich ə·lo·uans *límite de equipaje*
baggage claim bæ·gich kleim *recogida de equipajes*
bakery bei·kə·ri *panadería*
balance (account) ba·lans (ə·kaunt)*saldo*
balcony bal·ko·ni *balcón*
ball bol *pelota*
ballet bæ·lei *ballet*
banana bə·na·nə *plátano*
band bænd *grupo*
bandage bæn·dich *vendaje*
band-aids bænd·eids *tiritas*
bank bænk *banco*
bank account bænk ə·kaunt *cuenta bancaria*
banknotes bænk·nouts *billetes (de banco)*
baptism bæp·ti·səm *bautizo*
bar bar *bar*
bar with music bar uiz miu·sik *pub*
bar work bar uork *trabajo de camarero/a*
baseball beis·bol *béisbol*
basket bas·ket *canasta*
basketball bas·ket·bol *baloncesto*
bath baz *bañera*
bathing suit bei·ziŋ sut *bañador*
bathroom baz·ruum *baño*
battery (car) bæ·tə·ri (kar) *batería del coche*
battery (small) bæ·tə·ri (smol) *pila*
(to) be (tu) bi *ser, estar*
beach biich *playa*
bean sprouts biin sprauts *brotes de soja*
beans biins *judías*
beautiful biu·ti·fol *hermoso/a*
beauty salon biu·ti sæ·lon *salón de belleza*
because bi·kos *porque*
bed bed *cama*

bedding be·diŋ *ropa de cama*

bedroom bed·ruum *habitación*

bee bii *abeja*

beef biif *carne de vaca*

beer bi·ar *cerveza*

beetroot bii·truut *remolacha*

before bi·for *antes*

beggar be·gər *mendigo/a*

(to) begin (tu) be·gin *comenzar*

behind bi·haind *detrás de*

below bi·lou *abajo*

best best *lo mejor*

bet bet *apuesta*

better be·tər *mejor*

between bi·tuin *entre*

bible bai·bəl *biblia*

bicycle bai·si·kəl *bicicleta*

big big *grande*

bike baik *bici*

bike chain baik chein *cadena de bici*

bike path baik paz *carril bici*

bill bil *cuenta*

biodegradable baia·di·grei·də·bəl *biodegradable*

biography bai·o· grə·fi *biografía*

bird berd *pájaro*

birth certificate berz sər·ti·fi·kit *partida de nacimiento*

birthday berz·dei *cumpleaños*

birthday cake berz·dei keik *pastel de cumpleaños*

biscuit bis·kit *galleta*

bite bait *mordisco*

bite bait *bocado*

bite bait *picadura*

black blæk *negro/a*

blanket blæn·kit *manta*

(to) bleed (tu) bliid *sangrar*

blind blaind *ciego/a*

blister blis·tər *ampolla*

blocked blokt *atascado/a*

blood blad *sangre*

blood group blad grup *grupo sanguíneo*

blood pressure blad pre·shər *presión arterial*

blood test blad test *análisis de sangre*

blue blu *azul*

board bord *embarcarse*

boarding house bor·diŋ haus *pensión*

boarding pass bor·diŋ pas *tarjeta de embarque*

bone boun *hueso*

book buuk *libro*

(to) book (make a reservation) (tu) buuk (meik æ re·sər·vei·shən) *reservar*

booked out buukt aut *lleno/a*

bookshop buuk·shop *librería*

boots buuts *botas*

border bor·dər *frontera*

boring bo·riŋ *aburrido/a*

(to) borrow (tu) bo·rrou *tomar prestado*

botanic garden bə·tæ·nik gar·den *jardín botánico*

both bouz *dos*

bottle ba·təl *botella*

bottle opener ba·təl ou·pə·nər *abrebotellas*

bowl bol *bol*

box boks *caja*

boxer shorts bok·sər shorts *calzoncillos boxer*

boxing bok·siŋ *boxeo*

boy boi *chico*

boyfriend boi·frend *novio*

bra bra *sujetador*

Braille breil *Braille*

brakes breiks *frenos*

branch office branch o·fis *sucursal*

brandy bræn·di *coñac*

brave breiv *valiente*

bread bred *pan*

brown bread braun bred *pan moreno*

bread rolls bred rols *bollos*

— **rye** rai *pan de centeno*

— **sourdough** sa·uvr·dəu *pan de masa fermentada*

— **white bread** uait bred *pan blanco*

— **wholemeal** houl·miil *pan integral*

(to) break (tu) breik *romper*

break down breik daun *descomponerse*

breakfast brek·fəst *desayuno*
breasts brests *senos*
(to) breathe (tu) briiz *respirar*
bribe braib *soborno*
bridge brich *puente*
briefcase briif·keis *maletín*
brilliant bri·liant *cojonudo/a*
(to) bring (tu) briŋ *traer*
brochure brou·shər *folleto*
broken brou·kən *roto/a*
bronchitis bron·kai·tis *bronquitis*
brother bro·ðər *hermano*
brown braun *marrón*
bruise brus *cardenal, moratón*
Brussels sprouts bra·sels sprauts *coles de Bruselas*
bucket ba·ket *cubo*
Buddhist bu·dist *budista*
buffet bo·fei *buffet*
bug bag *bicho*
(to) build (tu) bild *construir*
building bil·diŋ *edificio*
bull bul *toro*
bullfight bul·fait *corrida de toros*
bullring bul·riŋ *plaza de toros*
bum bam *culo*
burn barn *quemadura*
bus bas *autobús, autocar*
bus station bas stei·shən *estación de autobuses*
bus stop bas stop *parada de autobús*
business bis·nis *negocios*
business class bis·nis klas *clase preferente*
business person bis·nis per·son *comerciante*
busker bas·kər *artista callejero*
busy bi·si *ocupado/a*
but bat *pero*
butcher's shop bat·chərs shop *carnicería*
butter ba·tər *mantequilla*
butterfly ba·tər·flai *mariposa*
button ba·tən *botón*
(to) buy (tu) bai *comprar*

C

cabbage kæ·bich *col*
cable kei·bəl *cable*
cable car kei·bəl kar *teleférico*
café kæ·fei *café (local)*
cake keik *pastel*
cake shop keik shop *pastelería*
calculator kæl·kiu·lei·tər *calculadora*
calendar kæ·lən·dər *calendario*
calf kalf *ternero*
camera kæ·mə·rə *cámara*
camera shop kæ·mə·rə shop *tienda de fotografía*
(to) camp kæmp *acampar*
camping store kæm·piŋ stor *tienda de artículos de cámping*
campsite kæmp·sait *cámping*
can kæn *lata*
can (be able) kæn (bi ei·bəl) *poder*
can opener kæn ou·pə·nər *abrelatas*
Canada ka·na·da *Canadá*
(to) cancel kæn·səl *cancelar*
cancer kæn·sər *cáncer*
candle kæn·dəl *vela*
car kar *coche*
car hire kar hair *alquiler de coche*
car owner's title kar ou·nərs tai·təl *papeles del coche*
car registration kar re·yis·trei·shən *matrícula*
caravan kæ·rə·væn *caravana*
cards kards *cartas*
care (about something) ker (ə·baut som·ziŋ) *preocuparse por*
(to) care (for someone) (tu) ker (for som·uan) *cuidar de*
caring ke·riŋ *bondadoso/a*
car park kar·park *aparcamiento*
carpenter kar·pin·tər *carpintero/a*
carrot kæ·rrot *zanahoria*
(to) carry (tu) kæ·rri *llevar*
carton kar·tən *cartón*
(flow) cash (flou) kash *dinero en efectivo*
(to) cash (a cheque) (tu) kæsh (æ chek) *cambiar (un cheque)*

cash register kæsh re·yis·tər *caja registradora*
cashew nut kæ·shiu nat *anacardo*
cashier kæ·shiər *caja*
casino ka·si·nou *casino*
cassette kæ·set *casete*
castle ka·səl *castillo*
casual work kæ·shuəl uork *trabajo eventual*
cat kæt *gato/a*
cathedral ka·zi·drəl *catedral*
catholic kæ·zə·lik *católico/a*
cauliflower ka·li·fla·uər *coliflor*
caves keivs *cuevas*
CD si di *CD*
(to) celebrate se·li·breit *celebrar*
celebration se·li·brei·shən *celebración*
cemetery se·mi·tri *cementerio*
cent sent *céntimo*
centimetre sen·ti·mi·tər *centímetro*
central heating sen·trəl hii·tiŋ *calefacción central*
centre sen·tər *centro*
ceramic sə·ra·mik *cerámica*
cereals si·riəls *cereales*
certificate sər·ti·fi·kit *certificado*
chair cher *silla*
champagne cham·pein *champán*
chance chans *oportunidad*
change cheinch *cambio*
changing rooms chein·yiŋ ruums *vestuarios*
charming char·miŋ *encantador(a)*
(to) chat up (tu) chat ap *ligar*
cheap chiip *barato/a*
cheat chiit *tramposo/a*
(to) check (tu) chek *revisar*
check (bank) chek (bænk) *cheque*
check-in chek in *facturación de equipajes*
checkpoint chek·point *control*
cheese chiis *queso*
chef chef *cocinero*
chemist ke·mist *farmacéutico/a*
chemist ke·mist *farmacia*
chess ches *ajedrez*

chess board ches bord *tablero de ajedrez*
chest chest *pecho*
chewing gum chu·iŋ gam *chicle*
chicken chi·ken *pollo*
chicken breast chi·ken brest *pechuga*
chickpeas chik·piis *garbanzos*
child chaild *niño/a*
child seat chaild siit *asiento de seguridad para bebés*
childminding service chaild·main·diŋ ser·vis *guardería*
children chil·dren *hijos*
chilli chi·li *guindilla*
chilli sauce chi·li sos *salsa picante*
chocolate cho·kə·lət *chocolate*
(to) choose (tu) chuus *escoger*
Christian kris·tiən *cristiano/a*
Christian name kris·tiən neim *nombre de pila*
Christmas kris·məs *Navidad*
Christmas Eve kris·məs iv *Nochebuena*
church charch *iglesia*
cider sai·dər *sidra*
cigar si·gar *cigarro*
cigarette si·gə·rret *cigarillo*
cigarette lighter si·gə·rret lai·tər *mechero*
cigarette machine si·gə·rret mə·shin *máquina de tabaco*
cigarette paper si·gə·rret pei·pər *papel de liar*
cinema si·nə·ma *cine*
circus sir·kəs *circo*
citizenship si·ti·sen·ship *ciudadanía*
city si·ti *ciudad*
city centre si·ti sen·tər *centro de la ciudad*
city walls si·ti uols *murallas*
civil rights si·vil raits *derechos civiles*
classical klæ·si·kəl *clásico/a*
clean kliin *limpio/a*
cleaning klii·niŋ *limpieza*
client klaient *clienta/e*
cliff klif *acantilado*
climb klaimb *escalar*
cloak klouk *capa*

cloakroom *klouk*·ruum *guardarropa*

clock *klok* *reloj*

(to) close (tu) *klous* *cerrar*

closed *kloust* *cerrado/a*

clothes line *klouzs* lain *cuerda para tender la ropa*

clothing *klou*·ziŋ *ropa*

clothing store *klou*·ziŋ stor *tienda de ropa*

cloud *klaud* *nube*

cloudy *klau*·di *nublado*

clove (garlic) *klouv* (*gar*·lik) *diente de ajo*

cloves *klouvs* *clavos*

clutch *klach* *embrague*

coach *kouch* *entrenador(a)*

coast *koust* *costa*

cocaine *kou*·*kein* *cocaína*

cockroach *ko*·krouch *cucaracha*

cocoa *kou*·kou *cacao*

coconut *kou*·ko·nat *coco*

codeine *kou*·diin *codeína*

coffee *ko*·fi *café*

coins *koins* *monedas*

cold *kould* *frío/a, resfriado*

colleague *ko*·*liig* *colega*

collect call ka·*lekt* kol *llamada a cobro revertido*

college *ko*·lech *residencia de estudiantes*

colour *ka*·lər *color*

colour film *ka*·lər film *película en color*

comb *komb* *peine*

(to) come (tu) *kam* *venir*

(to) come (arrive) (tu) *kam* (ə·*rraiv*) *llegar*

comedy *ko*·mə·di *comedia*

comfortable *kom*·fər·tə·bəl *cómodo/a*

comunion *ko*·*miu*·nion *comunión*

communist *ko*·miu·nist *comunista*

companion kəm·*pæ*·niən *compañero/a*

company *kom*·pə·ni *compañía*

compass *kom*·pəs *brújula*

complain kəm·*plein* *quejarse*

computer kəm·*piu*·tər *ordenador*

computer game kəm·*piu*·tər geims *juegos de ordenador*

concert *kon*·sert *concierto*

conditioner kən·*di*·shə·nər *acondicionador*

condoms *kon*·doms *condones*

confession kən·*fe*·shan *confesión*

(to) confirm (tu) kən·*firm* *confirmar*

connection kə·*nek*·shan *conexión*

conservative kən·*ser*·va·tiv *conservador(a)*

constipation kons·ti·*pei*·shan *estreñimiento*

consulate *kon*·su·leit *consulado*

contact lenses *kon*·tækt *len*·ses *lentes de contacto*

contraceptives kon·trə·*sep*·tivs *anticonceptivos*

contract *kon*·trakt *contrato*

convenience store kon·*vi*·niens stor *negocio de artículos básicos*

convent *kon*·vənt *convento*

cook *kuuk* *cocinero*

(to) cook (tu) *kuuk* *cocinar*

cookie *kuu*·ki *galleta*

corn *korn* *maíz*

corn flakes *korn* fleiks *copos de maíz*

corner *kor*·nər *esquina*

corrupt kə·*rrapt* *corrupto/a*

(to) cost (tu) *kost* *costar*

cottage cheese *ka*·tich chiis *requesón*

cotton *ko*·ton *algodón*

cotton balls *ko*·ton bols *bolas de algodón*

cough *kof* *tos*

cough medicine *kof* *med*·sin *jarabe*

(to) count (tu) *kaunt* *contar*

counter *kaun*·tər *mostrador*

country *kaun*·tri *país*

countryside *kaun*·tri·said *campo*

coupon *ku*·pon *cupón*

courgette kur·*yet* *calabacín*

court (tennis) *kort* (*te*·nis) *pista*

cous cous kus kus *cus cus*

cover charge *kou*·vər charch *precio del cubierto*

cow *kau* *vaca*

crab *kræb* *cangrejo*

crackers *kra*·kers *galletas saladas*

crafts krafts *artesanía*

crash krash *choque*

crazy *krei*·si *loco/a*

cream kriim *crema*

cream (moisturising) kriim (mois·tiu·*rai*·sin) *crema hidratante*

cream cheese kriim chiis *queso crema*

credit card *kre*·dit kard *tarjeta de crédito*

cricket *kri*·ket *críquet*

crop krop *cosecha*

crowded *krau*·did *abarrotado/a*

cucumber kiu·*kam*·bər *pepino*

cuddle *ka*·dəl *abrazo*

cup kap *taza*

cupboard *kap*·bord *armario*

currency exchange *ka*·rren·si eks·*cheinch cambio (de dinero)*

current (electricity) *ka*·rrent (i·lek·*tri*·si·ti) *corriente eléctrica*

current affairs *ka*·rrent ə·*fers informativo*

curry *ka*·rri *curry*

curry powder *ka*·rri pau·dər *curry en polvo*

customs *kas*·təms *aduana*

(to) cut (tu) kat *cortar*

cutlery ka·*tlə*·ri *cubiertos*

CV si vi *CV*

(to) cycle (tu) *sai*·kəl *andar en bicicleta*

cycling *sai*·kliŋ *ciclismo*

cyclist *sai*·klist *ciclista*

cystitis sis·*tai*·tis *cistitis*

D

dad dad *papá*

daily *dei*·li *diariamente*

(to) dance (tu) dans *bailar*

dancing *dan*·siŋ *baile*

dangerous *dein*·ye·rəs *peligroso/a*

dark dark *oscuro/a*

date deit *citarse*

(to) date (a person) (tu) deit (æ per·son) *salir con*

date deit *fecha*

date of birth deit of berz *fecha de nacimiento*

daughter *doo*·tər *hija*

dawn don *alba*

day dei *día*

day after tomorrow dei af·tər tu·*mo*·rrou *pasado mañana*

day before yesterday dei bi·*for* yes·tər·dei *anteayer*

dead ded *muerto/a*

deaf def *sordo/a*

(to) deal (tu) diil *repartir*

(to) decide (tu) di·*said decidir*

deep diip *profundo/a*

deforestation di·fə·res·*tei*·shən *deforestación*

degree di·*grii título*

delay di·*lei demora*

delirious di·*li*·riəs *delirante*

(to) deliver (tu) de·*li*·vər *entregar*

democracy di·*mou*·krə·si *democracia*

demonstration di·mons·*trei*·shən *manifestación*

dental floss *den*·təl flos *hilo dental*

dentist *den*·tist *dentista*

(to) deny (tu) di·*nai negar*

deodorant di·*ou*·do·rant *desodorante*

(to) depart (tu) di·*part salir de*

department store di·*part*·mənt stor *grandes almacenes*

departure di·*par*·chər *salida*

deposit di·*po*·sit *depósito*

descendant dis·*sen*·dant *descendiente*

desert di·*sert desierto*

design di·*sain diseño*

destination des·ti·*nei*·shən *destino*

(to) destroy (tu) dis·*troi destruir*

detail di·*teil detalle*

diabetes daia·*bi*·tis *diabetes*

diaper daia·pər *pañal*

diaphragm daia·fræm *diafragma*

diarrhoea daia·*rria diarrea*

diary *daia*·ri *agenda*

dice dais *dados*

dictionary *dik*·sha·na·ri *diccionario*

(to) die (tu) dai *morir*

diet daiet *régimen*

different di·frənt *diferente*
difficult di·fi·kult *difícil*
dining car dai·niŋ kar *vagón restaurante*
dinner di·nər *cena*
direct dai·rekt *directo/a*
director dai·rek·tər *director(a)*
dirty der·ti *sucio/a*
disabled di·sei·bəl *minusválido/a*
disco dis·kou *discoteca*
discount dis·kaunt *descuento*
(to) discover (tu) dis·kou·vər *descubrir*
discrimination dis·kri·mi·nei·shən *discriminación*
disease di·siis *enfermedad*
disk disk *disco*
(to) dive (tu) daiv *bucear*
diving dai·viŋ *submarinismo*
diving equipment dai·viŋ i·kuip·ment *equipo de buceo*
dizzy di·si *mareado/a*
(to) do (tu) du *hacer*
doctor dok·tər *médico*
documentary do·ku·men·tə·ri *documental*
dog dog *perro/a*
dole doul *paro*
doll dol *muñeca*
dollar do·lar *dólar*
domestic flight do·mes·tik flait *vuelo doméstico*
donkey don·ki *burro*
door door *puerta*
dope doup *droga*
double da·bəl *doble*
double bed da·bəl bed *cama de matrimonio*
double room da·bəl ruum *habitación doble*
down daun *abajo*
downhill daun·hil *cuesta abajo*
dozen dou·sen *docena*
drama dra·mə *drama*
(to) draw (tu) drou *dibujar*
(to) dream (tu) driim *soñar*
dress dres *vestido*
dried fruit draid frut *fruto seco*

drink drink *bebida*
(to) drink (tu) drink *beber*
(to) drive (tu) draiv *conducir*
drivers licence drai·vər lai·sens *carné de conducir*
drug drag *droga*
drug addiction drag ə·dik·shən *drogadicción*
drug dealer drag dii·lər *traficante de drogas*
drums drams *batería*
drumstick (chicken) dram·stik (chi·ken) *muslo de pollo*
drunk drank *borracho/a*
(to) dry (tu) drai *secar*
duck dak *pato*
dummy (pacifier) da·mi (pa·si·fa·yər) *chupete*

E

each iich *cada*
ear iar *oreja*
early er·li *temprano*
(to) earn (tu) ern *ganar*
earplugs iar·plags *tapones para los oídos*
earrings ii·riŋs *pendientes*
earth erz *tierra*
earthquake erz·kueik *terremoto*
east iist *este*
Easter iis·tər *Pascua*
easy ii·si *fácil*
(to) eat (tu) iit *comer*
economy class i·ko·nə·mi klas *clase turística*
eczema ek·si·mə *eccema*
editor e·di·tər *editor(a)*
education e·diu·kei·shən *educación*
eggplant eg·plænt *berenjena*
egg eg *huevo*
elections i·lek·shəns *elecciones*
electrical store i·lek·tri·kəl stor *tienda de productos eléctricos*
electricity i·lek·tri·si·ti *electricidad*
elevator e·li·vei·tər *ascensor*
embarrassed im·bæ·rrast *avergonzado/a*

embassy *em·bə·si embajada*
emergency *i·mer·yən·si emergencia*
emotional *i·mou·shə·nəl emocional*
employee *em·plo·yi empleado/a*
employer *im·plo·yər jefe/a*
empty *emp·ti vacío/a*
end *end fin*
(to) end *(tu) end acabar*
endangered species *en·dein·ye·rid spi·sis especies en peligro de extinción*
engagement *in·geich·mənt compromiso*
engine *en·yin motor*
engineer *in·ye·niər ingeniero/a*
engineering *in·yi·ni·riŋ ingeniería*
England *in·gland Inglaterra*
English *in·glish inglés*
enjoy (oneself) *in·yoi (uan·self) divertirse*
enough *i·naf suficiente*
(to) enter *(tu) en·tər entrar*
entertainment guide *en·tər·tein·mənt gaid guía del ocio*
envelope *en·və·loup sobre*
environment *in·vai·rən·mənt medio ambiente*
epilepsy *e·pi·lep·si epilepsia*
equal opportunity *i·kual o·por·tiu·ni·tis igualdad de oportunidades*
equality *i·kua·li·ti igualdad*
equipment *i·kuip·mənt equipo*
escalator *es·kə·lei·tər escaleras mecánicas*
euro *iu·ro euro*
Europe *iu·rop Europa*
euthanasia *iu·zə·nei·shiə eutanasia*
evening *iv·niŋ noche*
everything *e·vri·ziŋ todo*
example *ek·sam·pəl ejemplo*
excellent *ek·sə·lənt excelente*
exchange *eks·cheinch cambio*
(to) exchange (money) *(tu) eks·cheinch (mo·ni) cambiar dinero*
exchange rate *eks·cheinch reit tipo de cambio*

(to) exchange (give gifts) *(tu) eks·cheinch (giv gifts) regalar*
excluded *eks·klu·did no incluido*
exhaust *ik·sost tubo de escape*
(to) exhibit *(tu) ek·si·bit exponer*
exhibition *ex·si·bi·shan exposición*
exit *ek·sit exsalida*
expensive *iks·pæn·siv caro/a*
experience *iks·pi·riens experiencia*
express *iks·pres expreso/a*
express mail *iks·pres meil correo urgente*
extension (visa) *iks·ten·shən (vi·sa) prolongación*
eye *ai ojo*
eye drops *ai drops gotas para los ojos*

F

fabric *fæ·brik tela*
face *feis cara*
face cloth *feis kloz toallita para la cara*
factory *fæk·tə·ri fábrica*
factory worker *fæk·tə·ri uor·kər obrero/a*
fall *fol caída*
family *fæ·mi·li familia*
family name *fæ·mi·li neim apellido*
famous *fei·məs famoso/a*
fan (hand held) *fæn (hænd held) abanico*
fan (electric) *fæn (i·lek·trik) ventilador*
fanbelt *fæn·belt correa del ventilador*
far *far lejos*
farm *farm granja*
farmer *far·mər agricultor(a)*
fast *fast rápido/a*
fat *fat gordo/a*
father *fa·dər padre*
father-in-law *fa·dər in lo suegro*
fault *folt falta*
faulty *fol·ti defectuoso/a*
(to) feed *(tu) fiid dar de comer*
(to) feel *(tu) fiil sentir*
feelings *fii·liŋs sentimientos*
fence *fens cerca, valla*
fencing *fen·siŋ esgrima*

festival fes·ti·vəl *festival*
fever fi·vər *fiebre*
few fiu *pocos*
fiance fi·an·sei *prometido*
fiancee fi·an·sei *prometida*
fiction fik·shən *ficción*
field fiild *campo*
fig fig *higo*
fight fait *pelea*
(to) fight against (tu) fait ə·genst *luchar contra*
(to) fill (tu) fil *llenar*
fillet fi·lit *filete*
film film *película*
film speed film spiid *sensibilidad de la película*
filtered fil·trid *con filtro*
(to) find (tu) faind *encontrar*
fine fain *multa*
finger fin·gər *dedo*
(to) finish (tu) fi·nish *terminar*
fire fa·iər *fuego*
firewood fa·iər·uud *leña*
first ferst *primero/a*
first-class ferst klas *de primera clase*
first-aid kit ferst ed kit *maletín de primeros auxilios*
fish fish *pez*
fish fish *pescado*
fish shop fish shop *pescadería*
fishing fi·shiŋ *pesca*
flag flæg *bandera*
flannel flæ·nəl *franela*
flashlight flæsh·lait *linterna*
flat flæt *llano/a*
flea flii *pulga*
flooding fla·diŋ *inundación*
floor floor *suelo*
florist flo·rist *florista*
flour fla·uər *harina*
flower fla·uər *flor*
flower seller fla·uər se·lər *vendedor(a) de flores*
fly flai *volar*
foggy fo·gi *brumoso/a*
(to) follow (tu) fo·lou *seguir*
food fuud *comida*

food supplies fuud su·plais *víveres*
foot fuut *pie*
football fuut·bol *fútbol*
footpath fuut·paz *acera*
foreign fo·rin *extranjero/a*
forest fo·rest *bosque*
forever fo·re·vər *para siempre*
(to) forget (tu) for·get *olvidar*
(to) forgive (tu) for·giv *perdonar*
fork fork *tenedor*
fortnight fort·nait *quincena*
foul fa·uəl *sucio/a*
foyer fo·yei *vestíbulo*
fragile fræ·yail *frágil*
free frii *libre*
free (of charge) frii (of charch) *gratis*
freeze friis *helarse*
friend frend *amigo/a*
frost frost *escarcha*
frozen foods frou·sen fuuds *productos congelados*
fruit frut *fruta*
fruit picking frut pi·kiŋ *recolección de fruta*
fry frai *freír*
frying pan fra·yiŋ pæn *sartén*
(to) fuck (tu) fak *follar*
full ful *lleno/a*
full-time ful taim a *tiempo completo*
fun fan *diversión*
funeral fiu·nə·rəl *funeral*
funny fa·ni *gracioso/a*
furniture fer·ni·chər *muebles*
future fiu·chər *futuro*

G

gay gei *gay*
general ye·nə·rəl *general*
Germany yer·ma·ni *Alemania*
gift gift *regalo*
gin yin *ginebra*
ginger yin·yər *jengibre*
girl gerl *chica*
girlfriend gerl·frend *novia*
(to) give (tu) giv *dar*
glass material glas mə·ti·riəl *vidrio*

glass glas *vaso*
glasses *gla*·sis *gafas*
gloves glavs *guantes*
(to) go (tu) gou *ir*
(to) go out with (tu) gou aut uiz *salir con*
(to) go shopping (tu) gou *sho*·pin *ir de compras*
goal goul *gol*
goalkeeper goul·*kii*·pər *portero/a*
goat gout *cabra*
goat's cheese gouts chiis *queso de cabra*
god gad *Dios*
goggles *gu*·gəls *gafas de submarinismo*
golf ball golf bol *pelota de golf*
golf course golf kurs *campo de golf*
good guud *bueno/a*
government *ga*·vərn·mənt *gobierno*
gram græm *gramo*
grandchild *grænd*·chaild *nieto/a*
grandfather *grænd*·fa·ðər *abuelo*
grandmother *grænd*·mo·ðər *abuela*
grapefruit *greip*·frut *pomelo*
grapes greips *uvas*
graphic art *græ*·fik art *arte gráfico*
grass gras *hierba*
grave greiv *tumba*
gray grei *gris*
great greit *fantástico/a*
green griin *verde*
greengrocery griin·*grou*·sə·ri *verdulería*
grocer *grou*·sər *verdulero/a*
grey grei *gris*
grocery *grou*·sə·ri *tienda de comestibles*
(to) grow (tu) grou *crecer*
g-string yi strin *tanga*
(to) guess (tu) ges *adivinar*
guide gaid *guía*
guide dog gaid dog *perro lazarillo*
guidebook *gaid*·buuk *guía*
guided tour gai·did tur *circuito guiado*
guilty *gil*·ti *culpable*
guitar gi·*tar guitarra*
gum gam *chicle*
gymnastics yim·*næs*·tiks *gimnasia rítmica*

gynaecologist yai·ni·*ko*·lo·yist *ginecólogo*

H

hair her *pelo*
hairbrush *her*·brash *cepillo*
hairdresser *her*·dre·sər *peluquero/a*
halal ha·*lal halal*
half half *medio/a*
half a litre half æ *li*·tər *medio litro*
(to) hallucinate (tu) ha·*lu*·si·neit *alucinar*
ham hæm *jamón*
hammer *hæ*·mər *martillo*
hammock *hæ*·mək *hamaca*
hand hænd *mano*
handbag *hænd*·bæg *bolso*
handicrafts *hæn*·di·krafts *artesanía*
handlebar *hæn*·dəl·bar *manillar*
handmade *hænd*·meid *hecho a mano*
handsome *hænd*·səm *hermoso*
happy *hæ*·pi *feliz*
harassment hæ·ras·mənt *acoso*
harbour *har*·bər *puerto*
hard hard *duro/a*
hardware store *hard*·uer stor *ferretería*
hash hæsh *hachís*
hat hæt *sombrero*
(to) have (tu) hæv *tener*
(to) have a cold (tu) hæv æ kould *estar resfriado/a*
(to) have fun (tu) hæv fan *divertirse*
hay fever hei *fi*·vər *alergia al polen*
he hi *él*
head hed *cabeza*
headache *hed*·eik *dolor de cabeza*
headlights *hed*·laits *faros*
health helz *salud*
hear hiər *oír*
hearing aid *hia*·rin ed *audífono*
heart hart *corazón*
heart condition hart kon·*di*·shən *cardiopatía*
heat hiit *calor*
heater *hii*·tər *estufa*
heavy *he*·vi *pesado/a*

helmet hel·mət *casco*
(to) help (tu) help *ayudar*
hepatitis he·pə·tai·tis *hepatitis*
her her *su*
herbalist her·bə·list *herbolario/a*
herbs herbs *hierbas*
here hiər *aquí*
heroin he·rou·in *heroína*
herring he·rriŋ *arenque*
high hai *alto/a*
high school hai skuul *instituto*
(to) hike haik *practicar senderismo*
hiking hai·kiŋ *senderismo*
hiking boots hai·kiŋ buuts *botas de montaña*
hiking routes hai·kiŋ ruts *caminos rurales*
hill hil *colina*
Hindu hin·du *hindú*
(to) hire (tu) hair *alquilar*
his his *su*
historical his·to·ri·kəl *histórico/a*
(to) hitchhike (tu) hich·haik *hacer autostop*
HIV positive eich ai vi po·si·tiv *seropositivo/a*
hockey ho·ki *hockey*
holiday ho·li·dei *día festivo*
holidays ho·li·deis *vacaciones*
Holy Week ho·li uiik *Semana Santa*
homeless houm·les *sin hogar*
homemaker houm·mei·kər *ama de casa*
homosexual ho·mou·sek·shual *homosexual*
honey ha·ni *miel*
honeymoon ha·ni·muun *luna de miel*
horoscope ha·ras·koup *horóscopo*
horse hors *caballo*
horse riding hors rai·diŋ *equitación*
horseradish hors·ræ·dish *rábano picante*
hospital hos·pi·tal *hospital*
hospitality hos·pi·tæ·li·ti *hostelería*
hot hot *caliente*
hot water hot uo·tər *agua caliente*
hotel ho·tel *hotel*
house haus *casa*

housework haus uork *trabajo de casa*
how hau *cómo*
how much hau mach *cuánto*
hug hag *abrazo*
huge hiuch *enorme*
human rights hiu·mən raits *derechos humanos*
humanities hiu·mæ·ni·tis *humanidades*
hungry han·gri *hambriento/a*
hungry (to be) han·gri (tu bi) *tener hambre*
hunting han·tiŋ *caza*
(to) hurt (tu) hert *dañar*
husband has·bənd *marido*

I

I ai *yo*
ice ais *hielo*
ice axe ais æks *piolet*
ice cream ais kriim *helado*
ice cream parlour ais kriim par·lər *heladería*
ice hockey ais ho·ki *hockey sobre hielo*
identification ai·den·ti·fi·kei·shan *identificación*
identiti card ai·den·ti·ti kard *carné de identidad*
idiot i·diot *idiota*
if if *si (condicional)*
ill il *enfermo/a*
immigration i·mi·grei·shan *inmigración*
important im·por·tant *importante*
in a hurry in æ ha·rri *con prisa*
in front of in front of *enfrente de*
included in·klu·did *incluido*
income tax in·kam taks *impuesto sobre la renta*
India in·dia *India*
indicador in·di·kei·tər *indicador*
indigestion in·di·yes·tian *indigestión*
industry in·das·tri *industria*
infection in·fek·shan *infección*
inflammation in·fla·mei·shan *inflamación*
influenza in·flu·en·sa *gripe*
ingredient in·gri·diant *ingrediente*

(to) inject (tu) in·*yekt* inyectar
injection in·*yek*·shan inyección
injury in·*ya*·ri herida
innocent *i*·no·sent inocente
inside in·*said* dentro
instructor ins·*trak*·tar profesor/a
insurance in·*shu*·rans seguro
interesting *in*·tres·tiŋ interesante
intermission in·tar·*mi*·shan descanso
international in·tar·*næ*·sha·nal
  internacional
Internet *in*·tar·net Internet
Internet café *in*·tar·net kæ·*fei* cibercafé
interpreter in·*tar*·pri·tar intérprete
intersection in·tar·*sek*·shan cruce
interview *in*·tar·viu entrevista
(to) invite (tu) in·*vait* invitar
Ireland *aia*·land Irlanda
iron *aion* plancha
island *ai*·land isla
IT ai ti informática
itch ich picazón
itemised *ai*·ta·maist detallado/a
itinerary ai·*ti*·na·ra·ri itinerario
IUD ai iu di DIU

J

jacket *ya*·kit chaqueta
jail yeil cárcel
jam yæm mermelada
Japan ya·*pæn* Japón
jar yar jarra
jaw yoo mandíbula
jealous *ye*·las celoso/a
jeans yiins vaqueros
jeep yiip jeep
jet lag yet læg jet lag, desfase horario
jewellery shop *yu*·al·ri shop joyería
Jewish *yu*·ish judío/a
job yob trabajo
jockey *yo*·ki jockey
jogging *yo*·giŋ footing
joke youk broma
(to) joke (tu) youk bromear
journalist *yer*·na·list periodista
judge yach juez

juice yus jugo, zumo
(to) jump (tu) yamp saltar
jumper (sweater) *yam*·par (*sue*·tar)
  jersey
jumper leads *yam*·par liids cables de
  arranque

K

Ketchup *ket*·chap salsa de tomate
key kii llave
keyboard *kii*·bord teclado
(to) kick (tu) kik dar una patada
(to) kick (a goal) (tu) kik (æ goul)
  meter (un gol)
(to) kill (tu) kil matar
kilogram *ki*·lou·græm kilogramo
kilometre ki·lou·*mi*·tar kilómetro
kind kaind amable
kindergarten kin·dar·*gar*·ten escuela
  de párvulos
king kiŋ rey
kiss kis beso
(to) kiss (tu) kis besar
kitchen *ki*·chen cocina
kitten *ki*·ten gatito/a
kiwifruit *ki*·bi·frut kiwi
knapsack *næp*·sæk mochila
knee nii rodilla
knife naif cuchillo
(to) know (someone) (tu) nou
  (*som*·uan) conocer
(to) know (something) (tu) nou
  (*som*·ziŋ) saber
Kosher *kou*·shar kosher

L

labourer *lei*·ba·rar obrero/a
lace leis encaje
lager *la*·gar cerveza rubia
lake leik lago
lamb læmb cordero
land lænd tierra
landlady *lænd*·lei·di propietaria
landlord *lænd*·lord propietario
languages *læn*·gui·chis idiomas
laptop *læp*·top ordenador portátil

lard lard *manteca de cerdo*
large larch *grande*
late leit *tarde*
laugh laf *reírse*
laundrette lon·də·ret *lavandería*
laundry lon·dri *lavadero*
law loo *ley*
lawyer lo·yər *abogado/a*
leader lii·dər *líder*
leaf liif *hoja*
(to) learn (tu) lern *aprender*
leather le·dər *cuero*
(to) leave (tu) liiv *dejar*
lecturer lek·chə·rər *profesor(a) universitario/a*
ledge lech *saliente*
leek liik *puerro*
left left *izquierda*
(to) left behind/over (tu) left bi·ḥaind/ ou·vər *dejar, olvidar*
left luggage left la·gich *consigna*
left-wing left uiŋ *de izquierdas*
leg leg *pierna*
legal li·gəl *legal*
legislation le·yis·lei·shən *legislación*
lemon le·mən *limón*
lemonade le·mə·neid *limonada*
lens lens *objetivo*
Lent lent *Cuaresma*
lentils len·təls *lentejas*
lesbian les·biən *lesbiana*
less les *menos*
letter le·tər *carta*
lettuce le·tius *lechuga*
liar laiər *mentiroso/a*
library lai·bre·ri *biblioteca*
lice lais *piojos*
license plate number lai·sens pleit nambər *matrícula del coche*
lie down lai daun *tumbarse*
life laif *vida*
lifejacket laif·ya·kit *chaleco salvavidas*
lift lift *ascensor*
light lait *ligero*
light lait *luz*

light bulb lait balb *bombilla*
light meter lait mi·tər *fotómetro*
lighter lai·tər *encendedor*
(to) like (tu) laik *gustar*
lime laim *lima*
line lain *línea*
lip balm lip balm *bálsamo labial*
lips lips *labios*
lipstick lip·stik *lápiz de labios*
liquor store li·kər stor *bodega*
(to) listen (tu) li·sen *escuchar*
(to) live (tu) liv *vivir*
liver li·vər *hígado*
lizard li·sərd *lagartija*
local lou·kal *de cercanías, local*
lock lok *cerradura*
(to) lock (tu) lok *cerrar*
locked lokt *cerrado/a con llave*
lollies lo·lis *caramelos*
long loŋ *largo/a*
long-distance loŋ dis·tans a larga distancia
(to) look (tu) luuk *mirar*
(to) look after (tu) luuk af·tər *cuidar*
(to) look for (tu) luuk for *buscar*
lookout luuk·aut *mirador*
(to) lose (tu) luus *perder*
lost lost *perdido/a*
lost property office lost pro·pər·ti o·fis *oficina de objetos perdidos*
loud laud *ruidoso/a*
(to) love (tu) lav *querer*
lover lo·vər *amante*
low lou *bajo/a*
lubricant lu·bri·kant *lubricante*
luck lak *suerte*
lucky la·ki *afortunado/a*
luggage la·gich *equipaje*
luggage lockers la·gich lo·kers *consigna automática*
luggage tag la·gich tæg *etiqueta de equipaje*
lump lamp *bulto*
lunch lanch *almuerzo*
lungs langs *pulmones*
luxury lak·shə·ri *lujo*

M

machine *mə·shin máquina*
made of... *meid of... hecho de ...*
magazine *mæ·gə·sin revista*
magician *mə·yi·shən mago/a*
mail *meil correo*
mailbox *meil·boks buzón*
main *mein principal*
(to) make *(tu) meik hacer*
(to) make fun of *(tu) meik fan of burlarse de*
make-up *meik ap maquillaje*
mammogram *mæ·mə·græm mamografía*
man *mæn hombre*
manager *mæ·ni·yər gerente*
mandarin *mæn·də·rin mandarina*
mango *mæn·gou mango*
manual worker *mæ·niu·əl uor·kər obrero/a*
many *me·ni muchos/as*
map *mæp mapa*
margarina *mar·yə·rin margarina*
marijuana *mæ·ri·hua·nə mariguana*
marital status *mæ·ri·təl stei·təs estado civil*
market *mar·kit mercado*
marmalade *mar·mə·leid mermelada*
marriage *mæ·rrich matrimonio*
(to) marry *(tu) mæ·rri casarse*
martial arts *mar·shəl arts artes marciales*
mass *mæs misa*
massage *ma·sich masaje*
masseur/masseuse *ma·ser/ma·ses masajista*
mat *mæt tapete*
match *mach partido*
matches *ma·chis cerillas*
mattress *ma·tres colchón*
maybe *mei·bi quizás*
mayonnaise *me·yə·nes mayonesa*
mayor *me·yər alcalde*
measles *miis·les sarampión*
meat *miit carne*
mechanic *me·kæ·nik mecánico/a*

media *mi·diə medios de comunicación*
medicine *med·sin medicina*
(to) meet *(tu) miit encontrar, conocer*
melon *me·lən melón*
member *mem·bər miembro*
menstruation *mens·tru·ei·shən menstruación*
menu *me·niu menú*
message *me·sich mensaje*
metal *me·təl metal*
metre *mi·tər metro*
metro station *me·trou stei·shən estación de metro*
microwave *mai·krou·ueiv microondas*
midnight *mid·nait medianoche*
migraine *mi·grein migraña*
military service *mi·li·tə·ri ser·vis servicio militar*
milk *milk leche*
millimetre *mi·li·mi·tər milímetro*
million *mi·lion millón*
mince meat *mins miit carne picada*
(to) mind *(tu) maind cuidar*
mineral water *mi·nə·rəl uo·tər agua mineral*
mints *mints pastillas de menta*
minute *mi·nit minuto*
mirror *mi·rrər espejo*
miscarriage *mis·kæ·rrich aborto natural*
(to) miss *(tu) mis echar de menos*
mistake *mis·teik error*
(to) mix *(tu) miks mezclar*
mobile phone *mo·bail foun teléfono móvil*
modem *mou·dem módem*
moisturiser *mos·tiu·rai·sər crema hidratante*
monastery *mo·nəs·tri monasterio*
money *mo·ni dinero*
month *monz mes*
monument *mo·niu·mənt monumento*
(full) moon *(ful) muun luna (llena)*
morning *mor·niŋ mañana*
morning sickness *mor·niŋ siik·nes náuseas del embarazo*
mosque *mosk mezquita*
mosquito *mos·ki·tou mosquito*

mosquito coil mos·*ki*·tou koil *repelente contra mosquitos*

mosquito net mos·*ki*·tou net *mosquitera*

mother *mo*·dər *madre*

mother-in-law *mo*·dər in lo *suegra*

motorboat *mou*·tər·bout *motora*

motorcycle *mou*·tər·*sai*·kəl *motocicleta*

motorway *mou*·tər·uei *autovía*

mountain *maun*·tin *montaña*

mountain bike *maun*·tin baik *bicicleta de montaña*

mountain path *maun*·tin paz *sendero*

mountain range *maun*·tin reinch *cordillera*

mountaineering maun·te·*nii*·riŋ *alpinismo*

mouse maus *ratón*

mouth mauz *boca*

movie *mu*·vi *película*

mud mad *lodo*

muesli *mius*·li *muesli*

mum mam *mamá*

muscle *ma*·sel *músculo*

museum *miu*·siəm *museo*

mushroom *mash*·ruum *champiñón*

music *miu*·sik *música*

musician miu·*si*·shən *músico/a*

Muslim *mos*·lim *musulmán/ana*

mussels *ma*·səls *mejillones*

mustard *mas*·təd *mostaza*

mute miut *mudo/a*

my mai *mi*

nail clippers neil *kli*·pərs *cortauñas*

name neim *nombre*

napkin *næp*·kin *servilleta*

nappy *næ*·pi *pañal*

nappy rash *næ*·pi ræsh *irritación de pañal*

national park *næ*·sha·nəl park *parque nacional*

nationality næ·sha·*næ*·li·ti *nacionalidad*

nature *nei*·chər *naturaleza*

naturopathy nei·cha·*ro*·pə·zi *naturopatía*

nausea *no*·siə *náusea*

near niər *cerca*

nearby niər·bai *cerca*

nearest *nii*·rest *más cercano/a*

necessary *ne*·si·sə·ri *necesario/a*

neck nek *cuello*

necklace *ne*·kles *collar*

(to) need (tu) niid *necesitar*

needle *nii*·dəl *aguja*

needle *nii*·dəl *jeringuilla*

neither *nai*·dər *tampoco*

net net *red*

Netherlands *ne*·dər·lənds *Países Bajos*

never *ne*·vər *nunca*

new niu *nuevo/a*

New Year niu yiər *Año Nuevo*

New Year's Eve niu yiars iv *Nochevieja*

New Zealand niu sii·lənd *Nueva Zelanda*

news nius *noticias*

news stand niu stænd *quiosco*

newsagency nius·*ei*·yən·si *quiosco*

newspaper nius·*pei*·pər *periódico*

next nekst *próximo*

next to nekst tu *al lado de*

nice nais *simpático/a*

nickname *nik*·neim *apodo*

night nait *noche*

no nou *no*

noisy *noi*·si *ruidoso/a*

none noun *nada*

non-smoking non *smou*·kiŋ *no fumadores*

noodles *nuu*·dəls *fideos*

noon nuun *mediodía*

north norz *norte*

nose nous *nariz*

notebook *nout*·buuk *cuaderno*

nothing *na*·ziŋ *nada*

now nau *ahora*

nuclear energy niu·kliər e·nər·yi *energía nuclear*

nuclear testing niu·kliər tes·tiŋ *pruebas nucleares*

nuclear waste *niu·kliǝr ueist* desperdicios nucleares

number *nam·bǝr* número

nun *nan* monja

nurse *ners* enfermero/a

nuts *nats* nueces

nuts roasted *nats rous·tid* nueces tostadas

O

oats *ǝots* avena

ocean *ou·shǝn* océano

off *of* pasado/a (comida)

office *o·fis* oficina

office worker *o·fis uor·kǝr* oficinista

offside *of·said* fuera de juego

often *o·fǝn* a menudo

oil *oil* aceite

old *old* viejo/a

olive oil *o·liv oil* aceite de oliva

Olympic Games *ou·lim·pik geims* juegos olímpicos

on *on* en

once *uans* vez

one-way ticket *uan uei ti·ket* billete sencillo

onion *a·niǝn* cebolla

only *on·li* sólo

open *ou·pǝn* abierto/a

(to) open (tu) *ou·pǝn* abrir

opening hours *ou·pǝ·niŋ auǝrs* horario de apertura

opera *ou·pǝ·rǝ* ópera

opera house *ou·pǝ·rǝ haus* teatro de la ópera

operation *o·pǝ·rei·shǝn* operación

operador *o·pe·rei·tǝr* operador(a)

opinion *ǝ·pi·niǝn* opinión

opposite *o·pǝ·sit* frente a

or *or* o

orange *o·rinch* naranja

orange *o·rinch* naranja (color)

orange juice *o·rinch yus* zumo de naranja

orchestra *or·kis·trǝ* orquesta

order *or·dǝr* orden

(to) order (tu) *or·dǝr* ordenar

ordinary *or·di·nǝ·ri* corriente

orgasm *or·gæ·sǝm* orgasmo

original *ǝ·ri·yi·nǝl* original

other *o·dǝr* otro/a

our *auǝr* nuestro/a

outside *aut·said* exterior

ovarian cyst *ou·ve·riǝn sist* quiste ovárico

oven *o·vǝn* horno

overcoat *ou·vǝr·kaut* abrigo

overdose *ou·vǝr·dous* sobredosis

(to) owe (tu) *ou* deber

owner *ou·nǝr* dueño/a

oxygen *ok·si·yǝn* oxígeno

oyster *ois·tǝr* ostra

ozone layer *ou·son lei·ǝr* capa de ozono

P

pacemaker *peis·mei·kǝr* marcapasos

pacifier *pæ·si·fa·yǝr* chupete

package *pæ·kich* paquete

packet *pæ·kit* paquete

padlock *pæd·lok* candado

page *peich* página

pain *pein* dolor

painful *pein·ful* doloroso/a

painkillers *pein·ki·lǝrs* analgésicos

(to) paint (tu) *peint* pintar

painter *pein·tǝr* pintor(a)

painting *pein·tiŋ* pintura

pair/couple *per/ka·pǝl* pareja

palace *pæ·las* palacio

pan *pæn* cazuela

pants *pænts* pantalones

panty liners *pæn·ti lai·nǝrs* salvaeslips

pantyhose *pæn·ti·hous* medias

pap smear *pæp smiǝr* citología

paper *pei·pǝr* papel

paperwork *pei·pǝr·uork* trabajo administrativo

paraplegic *pæ·rǝ·pli·yik* parapléjico/a

parasailing *pæ·rǝ·sei·liŋ* esquí acuático con paracaídas

parcel *par·sǝl* paquete

parents pa·rənts *padres*
park park *parque*
(to) park (tu) park *aparcar*
parliament par·lə·mənt *parlamento*
parsley pars·li *perejil*
part part *parte*
part-time part-taim a *tiempo parcial*
party par·ti *fiesta*
party par·ti *partido político*
pass pas *pase*
passenger pæ·sen·yər *pasajero/a*
passport pas·port *pasaporte*
passport number pas·port nam·bər *número de pasaporte*
past past *pasado*
pasta pæs·tə *pasta*
pate pæ·tei *paté*
path paz *sendero*
(to) pay (tu) pei *pagar*
payment pei·mənt *pago*
peace piis *paz*
peach piich *melocotón*
peak piik *cumbre*
peanuts pii·nats *cacahuetes*
pear per *pera*
peas piis *guisantes*
pedal pe·dəl *pedal*
pedestrian pe·des·triən *peatón*
pedestrian crossing pe·des·triən kro·siŋ *paso de cebra*
pen pen *bolígrafo*
pencil pen·sil *lápiz*
penis pi·nis *pene*
penknife pen·naif *navaja*
pensioner pen·shə·nər *pensionista*
people pii·pəl *gente*
pepper pe·pər *pimiento*
pepper pe·pər *pimienta*
per per *por*
percent pər·sent *por ciento*
performance pər·for·məns *actuación*
perfume per·fium *perfume*
period pain pi·riəd pein *dolor menstrual*
permission pər·mi·shən *permiso*
(to) permit (tu) per·mit *permitir*
person per·son *persona*
(to) perspire (tu) pərs·paier *sudar*

petition pə·ti·shən *petición*
petrol pe·trəl *gasolina*
pharmacy far·mə·si *farmacia*
phone book foun buuk *guía telefónica*
phone box foun boks *cabina telefónica*
phone card foun kard *tarjeta telefónica*
photo fou·tou *foto*
photographer fə·to·græ·fər *fotógrafo/a*
photograph fou·ta·græf *fotografía*
phrasebook freis·buuk *guía de conversación*
(to) pick up (tu) pik ap *ligar*
pickaxe pi·kaks *piqueta*
pickle pi·kəl *escabeche*
picnic pik·nik *comida en el campo*
pie pai *pastel*
piece piis *pedazo*
pig pig *cerdo*
pill pil *pastilla*
pillow pi·lou *almohada*
pillowcase pi·lou·keis *funda de almohada*
pineapple pai·nə·pəl *piña*
pink pink *rosa*
pistachio pis·ta·kiou *pistacho*
place pleis *lugar*
place of birth pleis ov berz *lugar de nacimiento*
plane plein *avión*
planet plæ·nit *planeta*
plant plænt *planta*
(to) plant (tu) plænt *sembrar*
plastic plæs·tik *plástico*
plate pleit *plato*
plateau plæ·tou *meseta*
platform plæt·form *plataforma*
play plei *obra de teatro*
(to) play (tu) plei *tocar (instrumento)*
(to) play (tu) plei *jugar*
plug plag *enchufe*
plum plam *ciruela*
pocket po·kit *bolsillo*
poetry pou·tri *poesía*
(to) point (tu) point *señalar*
point point *punto*
poisonous poi·sə·nəs *venenoso/a*
poker pou·kər *póquer*

police *po·lis* policía
police station *po·lis stei·shan* comisaría
policy *po·li·si* política
policy *po·li·si* póliza de seguros
politician *po·li·ti·shan* político
politics *po·li·tiks* política
pollen *po·lən* polen
polls *pols* sondeos
pollution *pə·lu·shan* contaminación
pool *puul* piscina
poor *poor* pobre
popular *po·piu·lər* popular
pork *pork* carne de cerdo
pork sausage *pork so·sich* chorizo
port *port* puerto
port *port* oporto
possible *po·si·bəl* posible
post code *poust koud* código postal
post office *poust o·fis* correos
postage *pous·tich* franqueo
postcard *poust·kard* postal
poster *pous·tər* póster
pot *pot* cazuela
pot *pot* tiesto
potato *pə·tei·tou* patata
pottery *po·tə·ri* alfarería
pound *paund* libra esterlina
poverty *po·vər·ti* pobreza
power *pa·uər* poder
prawns *prons* gambas
prayer *pre·yər* oración
prayer book *pre·yər buuk* devocionario
(to) prefer (tu) *pri·fer* preferir
pregnancy test *preg·nan·si test* prueba del embarazo
pregnant *preg·nant* embarazada
premenstrual tension *pri·mens·tru·əl ten·shan* tensión premenstrual
(to) prepare (tu) *pri·per* preparar
president *pre·si·dənt* presidente/a
pressure *pre·shər* presión
pretty *pri·ti* bonito/a
(to) prevent (tu) *pri·vent* prevenir
price *prais* precio
priest *prest* sacerdote
prime minister *praim mi·nis·tər primer(a) ministro/a*

prison *pri·sən* cárcel
prisoner *pri·so·nər* prisionero/a
private *prai·vet* privado/a
private hospital *prai·vet hos·pi·təl* clínica privada
(to) produce (tu) *pro·dius* producir
profit *pro·fit* beneficio
programme *prou·græm* programa
projector *pro·yek·tər* proyector
promise *pro·mis* promesa
(to) protect (tu) *prə·tekt* proteger
protected *prə·tek·tid* protegido/a
protest *prou·test* protesta
(to) protest (tu) *prou·test* protestar
provisions *prə·vi·shans* provisiones
prune *prun* ciruela pasa
pub *pab* pub
public telephone *pa·blik te·le·foun* teléfono público
public toilet *pa·blik toi·let* servicios
(to) pull (tu) *pul* tirar
pump *pamp* bomba
pumpkin *pamp·kin* calabaza
(to) puncture (tu) *pank·chər* pinchar
(to) punish (tu) *pa·nish* castigar
puppy *pa·pi* cachorro
pure *piur* puro/a
purple *par·pəl* lila
(to) push (tu) *push* empujar
(to) put (tu) *put* poner

Q

qualifications *kua·li·fi·kei·shans* títulos
quality *kua·li·ti* calidad
quarantine *kua·ran·tin* cuarentena
quarrel *kua·rrəl* pelea
quarter *kuor·tər* cuarto
queen *kuin* reina
question *kues·tion* pregunta
(to) question (tu) *kues·tion* cuestionar
queue *kiu* cola
quick *kuik* rápido/a
quiet *kua·yət* tranquilo/a
quiet *kua·yət* tranquilidad
(to) quit (tu) *kuit* abandonar

R

rabbit *ra·*bit *conejo*
race *reis raza*
race *reis carrera*
racetrack *reis·*trak *velódromo, circuito de carreras, hipódromo, pista*
racing bike *rei·*siŋ baik *bicicleta de carreras*
racquet *ræ·*kit *raqueta*
radiator *rei·diei·*tər *radiador*
radish *ræ·*dish *rábano*
railway station *reil·*uei *stei·*shən *estación de trenes*
rain *rein lluvia*
raincoat *rein·*kout *impermeable*
raisin *rei·*sin *uva pasa*
rally *ræ·*li *concentración*
(to) rape (tu) reip *violar*
rare *rer raro/a*
rash *ræsh irritación*
raspberry *ras·*bə·ri *frambuesa*
rat *rat rata*
rate of pay *reit* of *pei salario*
raw *roo crudo/a*
razor *rei·*sər *máquina de afeitar*
razor blades *rei·*sər bleids *cuchillas de afeitar*
read *read leer*
ready *re·*di *preparado, listo*
real estate agent *riəl steit ei·*yənt *agente inmobiliario*
(to) realise (tu) *rie·*lais *darse cuenta de*
realistic *riə·lis·*tik *realista*
reason *rii·*sən *razón*
receipt *ri·*sipt *recibo*
(to) receive (tu) *ri·*siv *recibir*
recently *ri·*sen·tli *recientemente*
(to) recognise (tu) *re·*kəg·nais *reconocer*
(to) recommend (tu) *re·*kə·mend *recomendar*
recording *ri·*kor·diŋ *grabación*
recyclable *ri·sai·*klə·bəl *reciclable*
(to) recycle (tu) *ri·sai·*kəl *reciclar*
red *red rojo/a*
referee *re·fə·*rii *árbitro*

reference *re·*fə·rəns *referencias*
refrigerator *re·fri·*yə·*rei·*tər *frigorífico*
refugee *re·fiu·*yi *refugiado/a*
refund *ri·*fand *reembolso*
(to) refund (tu) *ri·*fand *reembolsar*
(to) refuse (tu) *ri·*fius *negar*
registered mail *re·*yis·tə·rid meil *correo certificado*
(to) regret (tu) *ri·*gret *lamentar*
relationship *ri·lei·*shən·ship *relación*
(to) relax (tu) *ri·*læks *relajarse*
relic *re·*lik *reliquia*
religion *ri·li·*yən *religión*
religious *ri·li·*yiəs *religioso/a*
(to) remember (tu) *ri·mem·*bər *recordar*
remote *ri·*mout *remoto/a*
remote control *ri·*mout kən·*trol mando a distancia*
rent *rent alquiler*
(to) rent (tu) rent *alquilar*
(to) repair (tu) *ri·*per *reparar*
(to) repeat (tu) *ri·*piit *repetir*
republic *ri·*pa·blik *república*
reservation *ri·sər·vei·*shən *reserva*
(to) reserve (tu) *ri·*serv *reservar*
(to) rest (tu) rest *descansar*
restaurant *res·*tə·rant *restaurante*
resumé *rei·siu·*mei *currículum*
retired *ri·*taiəd *jubilado/a*
(to) return (tu) *ri·*tərn *volver*
return ticket *ri·*tərn *ti·*ket *billete de ida y vuelta*
review *ri·*viu *crítica*
rhythm *ri·*dəm *ritmo*
rice *rais arroz*
rich *rich rico/a*
ride *raid paseo*
(to) ride (tu) raid *montar*
right ko·*rrekt correcto/a*
right *rait derecha*
right-wing *rait* uiŋ *de derechas*
ring *riŋ llamada*
(to) ring (tu) riŋ *llamar por teléfono*
rip-off *rip* of *estafa*
risk *risk riesgo*
river *ri·*vər *río*
road *roud carretera*

(to) rob (tu) rob *robar*
rock rok *roca*
rock rok *rock*
rock climbing rok *klaim·biŋ escalada*
rock group rok grup *grupo de rock*
(to) rollerblading (tu) rou·lər·*blei·diŋ patinar*
romantic rou·*mæn·tik romántico/a*
room ruum *habitación*
room number ruum *nam·bər número de la habitación*
rope roup *cuerda*
round raund *redondo/a*
roundabout raund·ə·*baut glorieta*
route rut *ruta*
rowing ro·uiŋ *remo*
rubbish ra·bish *basura*
rug rag *alfombra*
rugby rag·bi *rugby*
ruins ruins *ruinas*
rules ruls *reglas*
rum ram *ron*
(to) run (tu) ran *correr*
(to) run out of (tu) ran aut of *quedarse sin, acabarse*

S

sad sæd *triste*
saddle sæ·dəl *sillín*
safe seif *seguro/a*
safe seif *caja fuerte*
safe sex seif seks *sexo seguro*
saint seint *santo/a*
salad sæ·ləd *ensalada*
salary sæ·la·ri *salario*
sales tax seils taks *IVA*
salmon sæ·mən *salmón*
salt solt *sal*
same seim *igual*
sand sænd *arena*
sandals sæn·dəls *sandalias*
sanitary napkins sæ·ni·ta·ri næp·kins *compresas*
sauna so·nə *sauna*
sausage so·sech *salchicha*
(to) save (tu) seiv *salvar*

(to) save (tu) seiv *ahorrar*
(to) say (tu) sei *decir*
(to) scale/(to) climb (tu) skeil/(tu) klaimb *trepar*
scarf skarf *bufanda*
school skuul *escuela*
science saiens *ciencias*
scientist saien·tist *científico/a*
scissors si·sors *tijeras*
(to) score (tu) skor *marcar*
scoreboard skor·bord *marcador*
Scotland skot·land *Escocia*
screen skriin *pantalla*
script skript *guión*
sculpture skalp·chər *escultura*
sea sii *mar*
seasick sii·sik *mareado/a*
seaside sii·said *costa*
season sii·son *estación*
season sii·son *temporada*
seat siit *asiento*
seatbelt siit·belt *cinturón de seguridad*
second se·kond *segundo/a (posición), segundo (medida de tiempo)*
second-hand se·kond hænd *de segunda mano*
secretary se·kra·tə·ri *secretario/a*
(to) see (tu) sii *ver*
selfish sel·fish *egoísta*
self-service self ser·vis *autoservicio*
(to) sell (tu) sel *vender*
(to) send (tu) send *enviar*
sensible sen·si·bəl *prudente*
sensual sen·shual *sensual*
separate se·pə·rit *separado/a*
(to) separate (tu)se·pə·rit *separar*
series si·ris *serie*
serious si·riəs *serio/a*
service station ser·vis stei·shən *gasolinera*
service charge ser·vis charch *carga*
several se·və·rəl *varias/os*
(to) sew (tu) sau *coser*
sex seks *sexo*
sexism sek·si·səm *machismo*
sexy sek·si *sexy*
shadow shæ·dou *sombra*

shampoo shæm·*puu* champú
shape sheip *forma*
(to) share (a dorm) (tu) sher (æ dorm) *compartir habitación*
(to) share (tu) sher *compartir*
(to) shave (tu) sheiv *afeitarse*
shaving cream shei ·viŋ kriim *espuma de afeitar*
she shi *ella*
sheep shiip *oveja*
sheet shiit *sábana*
sheet of paper shiit of pei·pər *hoja de papel*
shelf shelf *estante*
ship ship *barco*
(to) ship (tu) ship *enviar por barco*
shirt shert *camisa*
shoe shop shu shop *zapatería*
shoes shus *zapatos*
(to) shoot (tu) shuut *disparar*
shop shop *tienda*
shoplifting shop·*lif*·tiŋ *hurto*
shopping centre sho·piŋ sen·tər *centro comercial*
short short *bajo/a, corto/a*
shortage shor·teich *escasez*
shorts shorts *pantalones cortos*
shoulders shoul·dərs *hombros*
(to) shout (tu) shaut *gritar*
show shou *espectáculo*
(to) show (tu) shou *mostrar, enseñar*
shower sha·uər *ducha*
shrine shrain *capilla*
shut shat *cerrado/a*
(to) shut (tu) shat *cerrar*
shy shai *tímido/a*
sick sik *enfermo/a*
side said *lado*
sign sain *señal*
(to) sign (tu) sain *firmar*
signature sig·nə·chər *firma*
silk silk *seda*
silver sil·vər *plateado/a, plata*
similar si·mi·lər *similar*
simple sim·pəl *sencillo/a*
since sins *desde*
(to) sing (tu) siŋ *cantar*

Singapore siŋ·gə·por *Singapur*
singer siŋ·ər *cantante*
single siŋ·gəl *soltero/a*
single room siŋ·gəl ruum *habitación individual*
singlet siŋ·glet *camiseta*
sister sis·tər *hermana*
(to) sit (tu) sit *sentarse*
size sais *talla*
skateboarding skeit·bor·diŋ *monopatinaje*
(to) ski (tu) ski *esquiar*
skiing skiiŋ *esquí*
skimmed milk ski·mid milk *leche desnatada*
skin skin *piel*
skirt skert *falda*
sky skai *cielo*
skydiving skai·dai·viŋ *paracaidismo*
(to) sleep (tu) sliip *dormir*
sleeping bag slii·piŋ bæg *saco de dormir*
sleeping car slii·piŋ kar *coche cama*
sleeping pills slii·piŋ pils *pastillas para dormir*
(to be) sleepy (tu bi) slii·pi *tener sueño*
slide slaid *diapositiva*
slow slou *lento/a*
slowly slou·li *despacio*
small smol *pequeño/a*
smell smel *olor*
(to) smell (tu) smel *oler*
(to) smile (tu) smail *sonreír*
(to) smoke (tu) smouk *fumar*
snack snæk *tentempié*
snail sneil *caracol*
snake sneik *serpiente*
snorkel snor·kəl *tubo de bucear*
snorkel snor·kəl *buceo*
snow snou *nieve*
soap soup *jabón*
soap opera soup o·pə·rə *telenovela*
soccer so·kər *fútbol*
social welfare sou·shəl uel·fər *estado del bienestar*
socialist sou·shə·list *socialista*
socks soks *calcetines*

soft drink soft drink *refresco*
soldier *soul*·diər *soldado*
some som *alguno/a*
someone *som*·uan *alguien*
something *som*·ziŋ *algo*
sometimes *som*·taims *de vez en cuando*
son son *hijo*
song soŋ *canción*
soon suun *pronto*
sore sor *dolorido/a*
soup sup *sopa*
sour cream sauər kriim *nata agria*
south sauz *sur*
souvenir su·və·*nir* *recuerdo*
souvenir shop su·və·*nir* shop *tienda de regalos*
soy milk soi milk *leche de soja*
soy sauce soi sos *salsa de soja*
space speis *espacio*
Spain spein *España*
sparkling *spar*·kliŋ *espumoso/a*
(to) speak (tu) spiik *hablar*
special *spe*·shəl *especial*
specialist *spe*·shə·list *especialista*
speed spiid *velocidad*
speeding *spii*·diŋ *exceso de velocidad*
speedometer spii·*dou*·mi·tər *velocímetro*
spider *spai*·dər *araña*
spinach *spi*·nich *espinacas*
spoon spuun *cuchara*
sport sport *deportes*
sports store sports stor *tienda deportiva*
sportsperson sports·*per*·son *deportista*
sprain sprein *torcedura*
spring spriŋ *muelle*
spring spriŋ *primavera*
square skuer *cuadrado*
(main) square (mein) skuer *plaza (mayor)*
stadium *stei*·diəm *estadio*
stage steich *escenario*
stairway *ster*·uei *escalera*
stamp stæmp *sello*
stars stars *estrellas*

(to) start (tu) start *comenzar*
station *stei*·shən *estación*
statue *stæ*·tiu *estatua*
(to) stay (tu) stei *quedarse*
(to) stay (tu) stei *alojarse*
steak stek *bisté*
(to) steal (tu) stiil *robar*
steep stiip *escarpado/a*
step step *paso*
stereo *ste*·riou *equipo de música*
stingy *stin*·yi *tacaño/a*
stock stok *caldo*
stockings *sto*·kiŋs *medias*
stomach *sta*·mək *estómago*
stomachache *sta*·mək·eik *dolor de estómago*
stone stoun *piedra*
stoned stound *colocado/a*
stop stop *parada*
(to) stop (tu) stop *parar*
storm storm *tormenta*
story *sto*·ri *cuento*
stove stouv *cocina de gas*
straight streit *recto/a*
strange streinch *extraño/a*
stranger *strein*·yər *desconocido/a*
strawberry *stro*·bə·ri *fresa*
stream striim *arroyo*
street striit *calle*
string striŋ *cuerda*
strong stroŋ *fuerte*
stubborn *sta*·bən *testarudo/a*
student *stiu*·dent *estudiante*
studio *stiu*·diou *estudio*
stupid *stiu*·pid *estúpido/a*
style stail *estilo*
subtitles sab·*tai*·təls *subtítulos*
suburb sa·*berb* *barrio*
subway sab·uei *metro*
(to) suffer (tu) sa·fər *sufrir*
sugar *shu*·gər *azúcar*
suitcase *sut*·keis *maleta*
summer *sa*·mər *verano*
sun san *sol*
sunblock *san*·blok kriim *crema solar*
sunburn *san*·bern *quemadura de sol*

sun-dried tomato san·draid tə·*ma*·tou *tomate secado al sol*
sunflower oil san·fla·uər oil *aceite de girasol*
sunglasses san·gla·sis *gafas de sol*
(to be) sunny (tu bi) *sa*·ni *hace sol*
(to) sunrise (tu)san·rais *amanecer*
subset san·set *puesta de sol*
supermarket su·pər·mar·kit *supermercado*
superstition su·pərs·ti·shən *superstición*
supporters sə·*por*·tərs *hinchas*
(to) surf (tu) serf *hacer surf*
surface mail ser·fis meil *por vía terrestre*
surfboard serf·bord *tabla de surf*
surname ser·neim *apellido*
surprise ser·*prais sorpresa*
(to) survive (tu) ser·*vaiv sobrevivir*
sweater sue·tər *jersey*
sweet suiit *dulce*
sweets suiits *dulces*
(to) swim (tu) suim *nadar*
swimming pool sui·miŋ puul *piscina*
swimsuit suim·sut *bañador*
synagogue si·nə·gog *sinagoga*
synthetic sin·ze·tik *sintético/a*
syringe si·rinch *jeringa*

T

table tei·bəl *mesa*
table tennis tei·bəl te·nis *ping pong*
tablecloth tei·bəl·kloz *mantel*
tail teil *rabo*
tailor tei·lər *sastre*
(to) take (away) (tu) teik (ə·*uei*) *llevar*
(to) take (tu) teik *coger (el tren)*
(to) take (photo) (tu) teik (fou·tou) *sacar*
(to) take photographs (tu) teik fou·tou·græfs *sacar fotos*
(to) talk (tu) tolk *hablar*
tall tol *alto/a*
tampons tæm·pəns *tampones*
tanning lotion tæ·niŋ *lou*·shən *bronceador*

tap tæp *grifo*
tasty teis·ti *sabroso/a*
tax taks *impuestos*
taxi tak·si *taxi*
taxi stand tak·si stænd *parada de taxis*
tea tii *té*
teacher tii·chər *profesor(a)*
team tiim *equipo*
teaspoon tiis·puun *cucharita*
technique tek·nik *técnica*
teeth tiiz *dientes*
telegram te·li·græm *telegrama*
telephone te·le·foun *teléfono*
(to) telephone (tu) te·le·foun *llamar (por teléfono)*
telephone centre te·le·foun sen·tər *centro telefónico*
telescope te·lis·koup *telescopio*
television te·li·vi·shən *televisión*
(to) tell (tu) tel *decir*
temperature tem·pri·chər *fiebre, temperatura*
temple tem·pəl *templo*
tennis te·nis *tenis*
tennis court te·nis·kort *pista de tenis*
tent tent *tienda de campaña*
tent pegs tent pegs *estacas de tienda de campaña*
terrible te·rra·bəl *terrible*
test test *prueba*
(to) thank (tu) zank *agradecer*
the Pill ðə pil *la píldora*
theatre zi·ə·tər *teatro*
their ðer *su*
they ðei *ellos/as*
thief ziif *ladrón/ona*
thin zin *delgado/a*
(to) think (tu) zink *pensar*
third zerd *tercio*
thirst zerst *sed*
this ðis *éste/a*
this month ðis monz *este mes*
throat zrout *garganta*
ticket ti·ket *billete*
ticket collector ti·ket ko·*lek*·tər *revisor(a)*

ticket machine *ti*·ket mə·*shin* máquina expendedora de billetes

ticket office *ti*·ket o·*fis* taquilla

tide taid marea

tight tait apretado/a

time taim hora, tiempo

time difference taim *di*·fə·rens diferencia horaria

timetable *taim*·tei·bəl horario

tin tin lata

tin opener tin *ou*·pe·nər abrelatas

tiny *tai*·ni pequeñito/a

tip tip propina

tired taird cansado/a

tissues *ti*·shus pañuelos de papel

toast toust tostada

toaster *tous*·tər tostadora

tobacco tə·*bæ*·kou tabaco

(to) tobogganing (tu) tə·bo·*gæ*·niŋ ir en tobogán

today tu·*dei* hoy

toe tou dedo del pie

tofu *tou*·fu tofú

together tə·*ge*·ðər juntos/as

toilet *toi*·let servicio

toilet paper *toi*·let *pei*·pər papel higiénico

tomato tə·*ma*·tou tomate

tomato sauce tə·*ma*·tou sos salsa de tomate

tomorrow tu·*mo*·rrou mañana

tomorrow afternoon tu·*mo*·rrou *af*·tər·nuun mañana por la tarde

tomorrow evening tu·*mo*·rrou *iv*·niŋ mañana por la noche

tomorrow morning tu·*mo*·rrou *mor*·niŋ mañana por la mañana

tone toun tono

tonight tu·*nait* esta noche

too (expensive) tuu (iks·*pæn*·siv) demasiado (caro/a)

tooth tuuz diente

tooth (back) tuuz (bæk) muela

toothache *tuuz*·eik dolor de muelas

toothbrush *tuuz*·brash cepillo de dientes

toothpaste *tuuz*·peist pasta dentífrica

toothpick *tuuz*·pik palillo

torch torch linterna

(to) touch (tu) tach tocar

tour tur excursión

tourist *tu*·rist turista

tourist office *tu*·rist o·*fis* oficina de turismo

towards tə·*uords* hacia

towel ta·*uəl* toalla

tower ta·*uər* torre

toxic waste *tok*·sik ueist residuos tóxicos

toyshop *toi*·shop juguetería

track (car racing) træk (kar *rei*·siŋ) pista

track (footprints) træk (*fuut*·prints) rastro, huellas

trade treid comercio

traffic *træ*·fik tráfico

traffic light *træ*·fik lait semáforo

trail treil camino

train trein tren

train station trein *stei*·shən estación de trenes

tram træm tranvía

transit lounge *træn*·sit launch sala de tránsito

(to) translate (tu) træns·*leit* traducir

transport *træns*·port medios de transporte

(to) travel (tu) tra·vəl viajar

travel agency tra·vəl *ei*·yen·si agencia de viajes

travel books tra·vəl buuks libros de viajes

travel sickness tra·vəl *siik*·nes mareo

traveller's cheque tra·və·lers chek cheques de viaje

tree trii árbol

trip trip viaje

trousers *trau*·sərs pantalones

truck trak camión

trust trast confianza

(to) trust (tu) trast confiar

(to) try (tu) trai probar

(to) try (to do something) (tu) trai (tu du som·*ziŋ*) intentar (hacer algo)

T-shirt *ti*·shert *camiseta*
tube tiub *cámara de aire*
tuna *tiu*·nə *atún*
tune tiun *melodía*
turkey *tar*·ki *pavo*
(to) turn (tu) tarn *doblar*
TV ti vi *tele*
TV series ti vi *si*·ris *series de TV*
tweezers *tui*·sərs *pinzas*
twice tuais *dos veces*
twin beds tuin beds *dos camas*
twins tuins *gemelos*
type taip *tipo*
(to) type (tu) taip *teclear*
typical *ti*·pi·kəl *típico/a*
tyre taiər *neumático*

U

ultrasound *al*·trə·saund *ecografía*
umbrella am·*bre*·lə *paraguas*
umpire *am*·paiər *árbitro*
uncomfortable an·*kam*·fər·tə·bəl *incómodo/a*
underpants *an*·dər·pænts *calzoncillos, bragas*
(to) understand (tu) an·dərs·tænd *comprender*
underwear *an*·dər·ueər *ropa interior*
unemployed ə·nim·*ploid en el paro*
unfair an·fer *injusto*
uniform *iu*·ni·form *uniforme*
universe *iu*·ni·vers *universo*
university iu·ni·*ver*·si·ti *universidad*
unleaded an·*le*·did *sin plomo*
unsafe an·*seif inseguro/a*
until (June) ən·*til* (yun) *hasta (junio)*
unusual an·*iu*·shuəl *extraño/a*
up ap *arriba*
uphill *ap*·hil *cuesta arriba*
urgent *er*·yent *urgente*
USA iu es ei *Estados Unidos*
useful *ius*·ful *útil*

V

vacant *vei*·kənt *vacante*
vacation və·*kei*·shən *vacaciones*

vaccination væk·si·*nei*·shən *vacuna*
vagina və·*yai*·ə *vagina*
(to) validate (tu) væ·li·deit *validar*
valley *væ*·li *valle*
valuable *væ*·liue·bəl *valioso/a*
value *væ*·liu *valor*
van væn *caravana*
veal viil *ternera*
vegetable *ve*·yi·tə·bəl *verdura*
vegetables *ve*·yi·tə·bəl *verduras*
vegetarian ve·yi·*te*·riən *vegetariano/a*
vein vein *vena*
venereal disease ve·*ni*·riəl di·*siis enfermedad venérea*
venue *ve*·niu *lugar de reunión*
very *ve*·ri *muy*
video tape *vi*·diou teip *cinta de vídeo*
view viu *vista*
village *vi*·lech *pueblo*
vine vain *vid*
vinegar *vi*·ni·gər *vinagre*
vineyard *vain*·yərd *viñedo*
virus *vai*·rus *virus*
visa *vi*·sa *visado*
(to) visit (tu) *vi*·sit *visitar*
vitamins *vi*·tə·mins *vitaminas*
vodka *vod*·ka *vodka*
voice vois *voz*
volume *vo*·lium *volumen*
(to) vote (tu) vout *votar*

W

wage ueich *sueldo*
(to) wait (tu) ueit *esperar*
waiter *uei*·tər *camarero/a*
waiting room *uei*·tiŋ ruum *sala de espera*
(to) walk (tu) uolk *caminar*
wall uol *pared*
wallet *uo*·let *cartera*
(to) want (tu) uont *querer*
war uor *guerra*
wardrobe uor·droub *vestuario*
warm uorm *templado/a*
(to) warn (tu) uorn *advertir*
(to) wash (tu) uosh *lavarse*

(to) wash (tu) uosh *lavar*
wash cloth uosh kloz *toallita*
washing machine uo·shiŋ ma·shin *lavadora*
watch uoch *reloj de pulsera*
(to) watch (tu) uoch *mirar*
water uo·tər *agua*
— **tap** tæp *del grifo*
— **bottle** ba·təl *cantimplora*
waterfall uo·tər·fol *cascada*
watermelon uo·tər·me·lən *sandía*
waterproof uo·tər·pruuf *impermeable*
waterskiing uo·tər·skiiŋ *esquí acuático*
wave ueiv *ola*
way uei *camino*
we ui *nosotros/as*
weak uiik *débil*
wealthy uel·zi *rico/a*
(to) wear (tu) uear *llevar puesto*
weather ue·dər *tiempo*
wedding ue·diŋ *boda*
wedding cake ue·diŋ keik *tarta nupcial*
wedding present ue·diŋ pre·sent *regalo de bodas*
weekend uiik·end *fin de semana*
(to) weigh (tu) uei *pesar*
weight ueit *peso*
weights ueits *pesas*
welcome uel·kam *bienvenida*
(to) welcome (tu) uel·kam *dar la bienvenida*
welfare uel·fer *bienestar*
well uel *bien, pozo*
west uest *oeste*
wet uet *mojado/a*
what uot *que, lo que, que*
wheel uiil *rueda*
wheelchair uiil·cher *silla de ruedas*
when uen *cuando, cuándo*
where uer *donde, dónde*
whiskey uis·ki *whisky*
white uait *blanco/a*
white-water rafting uait uo·tər ræf·tiŋ *rafting*
who hu *quien, quién*
why uai *por qué*
wide uaid *ancho/a*

wife uaif *esposa*
(to) win (tu) uin *ganar*
wind uind *viento*
window uin·dou *ventana*
(to) window-shopping (tu) uin·dou sho·piŋ *ver escaparates*
windscreen uind·skriin *parabrisas*
(to) windsurfing (tu) uind·ser·fiŋ *hacer windsurf*
wine uain *vino*
wineglass uain·glas *copa de vino*
winery uai·nə·ri *bodega*
wings uiŋs *alas*
winner ui·nər *ganador(a)*
winter uin·tər *invierno*
wire uaiər *alambre*
(to) wish (tu) uish *desear*
with uiz *con*
within (an hour) ui·din (æn auər) *dentro de (una hora)*
without ui·zaut *sin*
woman uo·mən *mujer*
wonderful uon·dər·ful *maravilloso/a*
wood uud *madera*
wool uul *lana*
word uord *palabra*
work uork *trabajo*
(to) work (tu) uork *trabajar*
work experience uork eks·pi·riens *experiencia laboral*
work permit uork per·mit *permiso de trabajo*
workout uork·aut *entrenamiento*
workshop uork·shop *taller*
world uold *mundo*
World Cup uold kap *Copa del Mundo*
worms uorms *lombrices*
worried uo·rrid *preocupado/a*
worship uor·ship *adoración*
wrist rist *muñeca*
(to) write (tu) rait *escribir*
writer rai·tər *escritor(a)*
wrong roŋ *equivocado/a*

Y

yellow ye·lou *amarillo/a*

yes yes *sí*
(not) yet (not) yet *todavía (no)*
yesterday yes·tər·dei *ayer*
yoga you·gə *yoga*
yogurt yo·gərt *yogur*
you yu *usted*
you yu *tú*
young yauŋ *joven*

your yor *su (de usted)*
your yor *tu*
youth hostel yuz ɦos·təl *albergue juvenil*

Z

zodiac sou·diæk *zodíaco*
zoo suu *zoológico*

U

V

No te cortes,
¡diles algo!

www.lonelyplanet.es

geoPlaneta

Oficinas de geoPlaneta y Lonely Planet

geoPlaneta
Av. Diagonal 662-664, 7°. 08034 Barcelona
fax 93 496 70 11 • viajeros@lonelyplanet.es
www.geoplaneta.com • www.lonelyplanet.es

Lonely Planet Publications (Oficina central)
Locked Bag 1, Footscray, Melbourne, VIC 3011, Australia
☎ 61 3 8379 8000 fax 61 3 8379 8111
(Oficinas también en Reino Unido y Estados Unidos)
www.lonelyplanet.com • talk2us@lonelyplanet.com.au

www.lonelyplanet.es